January 18, 1999

What do I consider my most important Contributions?

- That I early on — almost sixty years ago — realized that MANAGEMENT has become the constitutive organ and function of the <u>Society of Organizations</u>;

- That MANAGEMENT is not "Business Management- though it first attained attention in business- but the governing organ of ALL institutions of Modern Society;

- That I established the study of MANAGEMENT as a DISCIPLINE in its own right; and

- That I focused this discipline on People and Power; on Values; Structure and Constitution; AND ABOVE ALL ON RESPONSIBILITIES- that is focused the <u>Discipline of Management</u> on Management as a truly LIBERAL ART.

Peter F. Drucker

我认为我最重要的贡献是什么？

- 早在60年前，我就认识到管理已经成为组织社会的基本器官和功能；
- 管理不仅是"企业管理"，而且是所有现代社会机构的管理器官，尽管管理最初侧重于企业管理；
- 我创建了管理这门独立的学科；
- 我围绕着人与权力、价值观、结构和方式来研究这一学科，尤其是围绕着责任。管理学科是把管理当作一门真正的人文艺术。

彼得·德鲁克
1999年1月18日

注：资料原件打印在德鲁克先生的私人信笺上，并有德鲁克先生亲笔签名，现藏于美国德鲁克档案馆。为纪念德鲁克先生，本书特收录这一珍贵资料。本资料由德鲁克管理学专家那国毅教授提供。

彼得·德鲁克和妻子多丽丝·德鲁克

德鲁克妻子多丽丝寄语中国读者

在此谨向广大的中国读者致以我诚挚的问候。本书深入介绍了德鲁克在管理领域方面的多种理念和见解。我相信他的管理思想得以在中国广泛应用,将有赖出版及持续的教育工作,令更多人受惠于他的馈赠。

盼望本书可以激发各位对构建一个令人憧憬的美好社会的希望,并推动大家在这一过程中积极发挥领导作用,他的在天之灵定会备感欣慰。

Doris Drucker

本页照片和多丽丝寄语原文与亲笔签名由彼得·德鲁克管理学院提供

德鲁克
看中国与日本

德鲁克对话"日本商业圣手"中内功

［美］彼得·德鲁克　　　　著
［日］中内功（Isao Nakauchi）

闻佳　译

Drucker on Asia
A Dialogue between Peter Drucker and Isao Nakauchi

彼得·德鲁克全集

机械工业出版社
CHINA MACHINE PRESS

图书在版编目（CIP）数据

德鲁克看中国与日本：德鲁克对话"日本商业圣手"中内功 /（美）彼得·德鲁克（Peter F. Drucker），（日）中内功（Isao Nakauchi）著；闫佳译. —北京：机械工业出版社，2018.7（2023.12重印）

（彼得·德鲁克全集）

书名原文：Drucker on Asia: A Dialogue between Peter Drucker and Isao Nakauchi

ISBN 978-7-111-60441-9

I. 德… II. ①彼… ②中… ③闫… III. 企业管理－对比研究－中国、日本 IV. ① F279.23 ② F279.313.3

中国版本图书馆 CIP 数据核字（2018）第 147523 号

北京市版权局著作权合同登记　图字：01-2013-7331 号。

Peter F. Drucker, Isao Nakauchi. Drucker on Asia: A Dialogue between Peter Drucker and Isao Nakauchi.

ISBN 978-0-7506-3132-7

Copyright © 1997 by Peter F. Drucker and Isao Nakauchi 1997.

Simplified Chinese edition Copyright © 2019 by China Machine Press.

This edition arranged with The Peter F. Drucker Literary Trust (D)/Drucker 1996 Literary Works Trust through Big Apple Tuttle-Mori Agency, INC., Labuan, Malaysia. This edition is authorized for sale in the Chinese mainland (excluding Hong Kong SAR, Macao SAR and Taiwan).

No part of this book may be reproduced or transmitted in any form or by any means, electronic or mechanical, including photocopying, recording or any information storage and retrieval system, without permission, in writing, from the publisher.

All rights reserved.

本书中文简体字版由 The Peter F. Drucker Literary Trust (D) / Drucker 1996 Literary works Trust 通过 Big Apple Tuttle-Mori Agency, INC. 授权机械工业出版社在中国大陆地区（不包括香港、澳门特别行政区及台湾地区）独家出版发行。未经出版者书面许可，不得以任何方式抄袭、复制或节录本书中的任何部分。

本书两面彩插所用资料由彼得·德鲁克管理学院和那国毅教授提供。封面中签名摘自德鲁克先生为彼得·德鲁克管理学院的题词。

德鲁克看中国与日本
德鲁克对话"日本商业圣手"中内功

出版发行：	机械工业出版社（北京市西城区百万庄大街22号　邮政编码：100037）		
责任编辑：	孟宪勐	责任校对：李秋荣	
印　　刷：	固安县铭成印刷有限公司	版　次：2023年12月第1版第5次印刷	
开　　本：	170mm×230mm　1/16	印　张：15.25	
书　　号：	ISBN 978-7-111-60441-9	定　价：79.00元	

客服电话：（010）88361066　68326294

版权所有·侵权必究
封底无防伪标均为盗版

如果您喜欢彼得·德鲁克（Peter F. Drucker）或者他的书籍，那么请您尊重德鲁克。不要购买盗版图书，以及以德鲁克名义编纂的伪书。

首先想法就非常好：两位长者，"现代管理学之父"彼得·德鲁克，"日本商业圣手"、企业大亨中内功，一起对话。本书源于这个想法，更超越了这个想法。德鲁克是思想家，更多地从外部看待经济形势。中内功是行动家，意味着他在重重危机中做出了正确的选择。所有未来的企业家在为明天奠基的时候，必须兼顾两点：在理论上进行反思，在行动上发挥创造力。

德国《经理人》(*Manager*) 杂志

| 目　录 |

推荐序一（邵明路）

推荐序二（赵曙明）

推荐序三（珍妮·达罗克）

序言

第一部分　｜　挑战的时代

第1章　中国带来的挑战 / 3

　　　　中国这一巨大的市场未来会如何　中内功 / 3

　　　　中国市场的风险比其他任何地方都要大……

　　　　　　但机遇太大，不容忽视　彼得·德鲁克 / 4

　　　　只有无形基础设施的发展，才能给中国带去繁荣；

　　　　　　而实现这种发展，是我们的使命　中内功 / 13

　　　　只有以流通为导向的经济发展，才能造就中国

　　　　　　所需的人力资源　彼得·德鲁克 / 19

第2章　无国界世界带来的挑战 / 22

　　　　对于日本产业"空洞化"，以及日本在无国界世界中扮演

的角色，您有什么样的看法？全球性经济集团的理想

  安排是怎么样的 *中内功* / 22

没必要对日本经济感到悲观。对"空洞化"的担心来自

  谬误 *彼得·德鲁克* / 24

发展中国家并不需要政府间援助，而需要与发达国家私营企业

  建立合作伙伴关系 *彼得·德鲁克* / 36

管理要学会在全球、区域和地方三个层面上维持

  平衡 *彼得·德鲁克* / 39

知识在不断变化的产业结构中扮演着重要角色 *中内功* / 43

第3章 "知识型社会"带来的挑战 / 51

当前的教育制度无法为"知识型社会"培养人才 *中内功* / 51

日本的教育体系本身并没有错。日本有自己的一套创造力

  和独创性形式 *彼得·德鲁克* / 52

在知识型社会中，不断学习是关键。智慧一直是"受过良好

  教育"的含义 *彼得·德鲁克* / 60

现在我对能够创新的年轻人怀抱希望 *中内功* / 65

信息技术会给社会、经济和私营企业带来什么样的

  变化 *中内功* / 68

便利店就是未来以信息为基础的组织的例子 *彼得·德鲁克* / 68

信息技术的发展将把每一名员工都变成管理者 *中内功* / 76

第4章 企业家精神和创新所面临的挑战 / 78

企业家的社会角色就是带来创新 *中内功* / 78

我深信，日本会出现第三波"经济奇迹" *彼得·德鲁克* / 80

"创造客户"将是永恒的挑战 *中内功* / 85

第 5 章　第一部分的附录 / 91

　　关于 1995 年 1 月 17 日阪神大地震的通信往来 / 91

第二部分 | **重塑的时代**

第 6 章　重塑个人 / 101

　　日本迫切需要重振普通民众，让他们更为有效　中内功 / 101

　　有知识的人必须为自己的发展和定位承担责任　彼得·德鲁克 / 104

　　企业高管能影响人们的生活　中内功 / 120

第 7 章　重塑企业 / 131

　　如何设计能够重振公司的组织结构　中内功 / 131

　　没有高效的企业使命宣言，就没有良好的绩效　彼得·德鲁克 / 132

　　公司存在的原因，就是把学会的知识立刻付诸行动，

　　　为社会做贡献　中内功 / 142

第 8 章　重塑社会 / 144

　　将组织转化为有益于社会的实体，能够防止社会倒退　中内功 / 144

　　重建社会需要整个社会的参与　彼得·德鲁克 / 146

　　通过在社会领域中从事志愿工作，重新获得公民

　　　意识　彼得·德鲁克 / 151

　　每个人都必须按照自我奉献、自我约束和自我负责的原则努力

　　　影响、改变我们的社会　中内功 / 161

第 9 章　重塑政府 / 168

　　您对自由市场下的政府监管和政府角色有什么样的看法呢？

您对重塑政府有怎样的建议　中内功　/ 168
自由市场的巨大优势在于它能最大限度地减少威胁、降低
　　失误　彼得·德鲁克　/ 172
我们要避免进行无法执行、失去效用和惩罚经济活动的
　　监管　彼得·德鲁克　/ 176
动力必须来自政府，政策必须跨国　彼得·德鲁克　/ 184
旧有的政治理论已经瓦解，政府必须重新思考如何转型为
　　"高效政府"　彼得·德鲁克　/ 190
政府必须采用面向私营部门的经济政策　中内功　/ 199

| 推荐序一 |

功能正常的社会和博雅管理

为"彼得·德鲁克全集"作序

享誉世界的"现代管理学之父"彼得·德鲁克先生自认为,虽然他因为创建了现代管理学而广为人知,但他其实是一名社会生态学者,他真正关心的是个人在社会环境中的生存状况,管理则是新出现的用来改善社会和人生的工具。他一生写了39本书,只有15本书是讲管理的,其他都是有关社群(社区)、社会和政体的,而其中写工商企业管理的只有两本书(《为成果而管理》和《创新与企业家精神》)。

德鲁克深知人性是不完美的,因此人所创造的一切事物,包括人设计的社会也不可能完美。他对社会的期待和理想并不高,那只是一个较少痛苦、还可以容忍的社会。不过,它还是要有基本的功能,为生活在其中的人提供可以正常生活和工作的条件。这些功能或条件,就好像一个生命体必须具备正常的生命特征,没有它们社会也就不成其为社会了。值得留意的是,社会并不等同于"国家",

因为"国（政府）"和"家（家庭）"不可能提供一个社会全部必要的职能。在德鲁克眼里，功能正常的社会至少要由三大类机构组成：政府、企业和非营利机构，它们各自发挥不同性质的作用，每一类、每一个机构中都要有能解决问题、令机构创造出独特绩效的权力中心和决策机制，这个权力中心和决策机制同时也要让机构里的每个人各得其所，既有所担当、做出贡献，又得到生计和身份、地位。这些在过去的国家中从来没有过的权力中心和决策机制，或者说新的"政体"，就是"管理"。在这里德鲁克把企业和非营利机构中的管理体制与政府的统治体制统称为"政体"，是因为它们都掌握权力，但是，这是两种性质截然不同的权力。企业和非营利机构掌握的，是为了提供特定的产品和服务，而调配社会资源的权力，政府所拥有的，则是整个社会公平的维护、正义的裁夺和干预的权力。

在美国克莱蒙特大学附近，有一座小小的德鲁克纪念馆，走进这座用他的故居改成的纪念馆，正对客厅入口的显眼处有一段他的名言：

> 在一个由多元的组织所构成的社会中，使我们的各种组织机构负责任地、独立自治地、高绩效地运作，是自由和尊严的唯一保障。有绩效的、负责任的管理是对抗和替代极权专制的唯一选择。

当年纪念馆落成时，德鲁克研究所的同事们问自己，如果要从德鲁克的著作中找出一段精练的话，概括这位大师的毕生工作对我们这个世界的意义，会是什么？他们最终选用了这段话。

如果你了解德鲁克的生平，了解他的基本信念和价值观形成的过程，你一定会同意他们的选择。从他的第一本书《经济人的末日》到他独自完成的最后一本书《功能社会》之间，贯穿着一条抵制极权专制、捍卫个人自由和尊严的直线。这里极权的极是极端的极，不是集中的集，两个词一字之差，其含义却有着重大区别，因为人类历史上由来已久的中央集权统治直到20世纪才有条件变种成极权主义。极权主义所谋求的，是从肉体到精神，全面、彻底地操纵和控制人类的每一个成员，把他们改造成实现个别极权主义者梦想的人形机器。20世纪给人类带来最大灾难和伤害的战争和运动，都是极权主义的"杰作"，德鲁克青年时代经历的希特勒纳粹主义正是其中之一。要了解德鲁克的经历怎样影响了他的信念和价值观，最好去读他的《旁观者》；要弄清什么是极权主义和为什么大众会拥护它，可以去读汉娜·阿伦特1951年出版的《极权主义的起源》。

好在历史的演变并不总是令人沮丧。工业革命以来，特别是从1800年开始，最近这200年生产力加速提高，不但造就了物质的极大丰富，还带来了社会结构的深刻改变，这就是德鲁克早在80年前就敏锐地洞察和指出的，多元的、组织型的新社会的形成：新兴的企业和非营利机构填补了由来已久的"国（政府）"和"家（家庭）"之间的断层和空白，为现代国家提供了真正意义上的种种社会功能。在这个基础上，教育的普及和知识工作者的崛起，正在造就知识经济和知识社会，而信息科技成为这一切变化的加速器。要特别说明，"知识工作者"是德鲁克创造的一个称谓，泛指具备和应用专门知识从事生产工作，为社会创造出有用的产品和服务的人群，这包括企业家和在任何机构中的管理者、专业人士和技工，也包括社会上的独立执业人士，如会计师、律师、咨询师、培训师等。在 21 世纪的今天，由于知识的应用领域一再被扩大，个人和个别机构不再是孤独无助的，他们因为掌握了某项知识，就拥有了选择的自由和影响他人的权力。知识工作者和由他们组成的知识型组织不再是传统的知识分子或组织，知识工作者最大的特点就是他们的独立自主，可以主动地整合资源、创造价值，促成经济、社会、文化甚至政治层面的改变，而传统的知识分子只能依附于当时的统治当局，在统治当局提供的平台上才能有所作为。这是一个划时代的、意义深远的变化，而且这个变化不仅发生在西方发达国家，也发生在发展中国家。

在一个由多元组织构成的社会中，拿政府、企业和非营利机构这三类组织相互比较，企业和非营利机构因为受到市场、公众和政府的制约，它们的管理者不可能像政府那样走上极权主义统治，在德鲁克看来，这是它们比政府更重要、更值得寄予希望的原因。尽管如此，它们仍然可能因为管理缺位或者管理失当，例如官僚专制，不能达到德鲁克期望的"负责任地、高绩效地运作"，从而为极权专制垄断社会资源让出空间、提供机会。在所有机构中，包括在互联网时代虚拟的工作社群中，知识工作者的崛起既为新的管理提供了基础和条件，也带来对传统的"胡萝卜加大棒"管理方式的挑战。德鲁克正是因应这样的现实，研究、创立和不断完善现代管理学的。

1999 年 1 月 18 日，德鲁克接近 90 岁高龄，在回答"我最重要

的贡献是什么"这个问题时,他写了下面这段话:

> 我着眼于人和权力、价值观、结构和规范去研究管理学,而在所有这些之上,我聚焦于"责任",那意味着我是把管理学当作一门真正的"博雅技艺"来看待的。

给管理学冠上"博雅技艺"的标识是德鲁克的首创,反映出他对管理的独特视角,这一点显然很重要,但是在他众多的著作中却没找到多少这方面的进一步解释。最完整的阐述是在他的《管理新现实》这本书第15章第五小节,这节的标题就是"管理是一种博雅技艺":

> 30年前,英国科学家兼小说家斯诺(C. P. Snow)曾经提到当代社会的"两种文化"。可是,管理既不符合斯诺所说的"人文文化",也不符合他所说的"科学文化"。管理所关心的是行动和应用,而成果正是对管理的考验,从这一点来看,管理算是一种科技。可是,管理也关心人、人的价值、人的成长与发展,就这一点而言,管理又算是人文学科。另外,管理对社会结构和社群(社区)的关注与影响,也使管理算得上是人文学科。事实上,每一个曾经长年与各种组织里的管理者相处的人(就像本书作者)都知道,管理深深触及一些精神层面关切的问题——像人性的善与恶。
>
> 管理因而成为传统上所说的"博雅技艺"(liberal art)——是"博雅"(liberal),因为它关切的是知识的根本、自我认知、

智慧和领导力，也是"技艺"（art），因为管理就是实行和应用。管理者从各种人文科学和社会科学中——心理学和哲学、经济学和历史、伦理学，以及从自然科学中，汲取知识与见解，可是，他们必须把这种知识集中在效能和成果上——治疗病人、教育学生、建造桥梁，以及设计和销售容易使用的软件程序等。

作为一个有多年实际管理经验，又几乎通读过德鲁克全部著作的人，我曾经反复琢磨过为什么德鲁克要说管理学其实是一门"博雅技艺"。我终于意识到这并不仅仅是一个标新立异的溢美之举，而是在为管理定性，它揭示了管理的本质，提出了所有管理者努力的正确方向。这至少包括了以下几重含义：

第一，管理最根本的问题，或者说管理的要害，就是管理者和每个知识工作者怎么看待与处理人和权力的关系。德鲁克是一位基督徒，他的宗教信仰和他的生活经验相互印证，对他的研究和写作产生了深刻的影响。在他看来，人是不应该有权力（power）的，只有造人的上帝或者说造物主才拥有权力，造物主永远高于人类。归根结底，人性是软弱的，经不起权力的引诱和考验。因此，人可以拥有的只是授权（authority），也就是人只是在某一阶段、某一事情上，因为所拥有的品德、知识和能力而被授权。不但任何个人是这样，整个人类也是这样。民主国家中"主权在民"，但是人民的权力也是一种授权，是造物主授予的，人在这种授权之下只是一个既有自由意志，又要承担责任的"工具"，他是造物主的工具而不能成为主宰，不能按自己的意图去操纵和控制自己的同类。认识到这一点，人才会谦卑而且有责任感，他们才会以造物主才能够掌握、人类只能被其感召和启示的公平正义，去时时检讨自己，也才会甘愿把自己置于外力强制的规范和约束之下。

第二，尽管人性是不完美的，但是人彼此平等，都有自己的价值，都有自己的创造能力，都有自己的功能，都应该被尊敬，而且应该被鼓励去创造。美国的独立宣言和宪法中所说的，人生而平等，每个人都有与生俱来、不证自明的权利（rights），正是从这一信念而来的，这也是德鲁克的管理学之所以可以有所作为的根本依据。管理者是否相信每个人都有善意和潜力？是否真的对所有人都平等看待？这些基本的或者说核心的价值观和信念，最终决定他们是否能和德鲁克的学说发生感应，是否真的能理解和实行它。

第三，在知识社会和知识型组织里，每一个工作者在某种程度上，都既是知识工作者，也是管理者，因为他可以凭借自己的专门知识对他人和组织产生权威性的影响——知识就是权力。但是权力必须和责任捆绑在一起。而一个管理者是否负起了责任，要以绩效和成果做检验。凭绩效和成果问责的权力是正当和合法的权力，也就是授权（authority），否则就成为德鲁克坚决反对的强权（might）。绩效和成果之所以重要，不但在经济和物质层面，而且在心理层面，都会对人们产生影响。管理者和领导者如果持续不能解决现实问题，大众在彻底失望之余，会转而选择去依赖和服从强权，同时甘愿交出自己的自由和尊严。这就是为什么德鲁克一再警告，如果管理失败，极权主义就会取而代之。

第四，除了让组织取得绩效和成果，管理者还有没有其他的责任？或者换一种说法，绩效和成果仅限于可量化的经济成果和财富吗？对一个工商企业来说，除了为客户提供价廉物美的产品和服务、为股东赚取合理的利润，能否同时成为一个良好的、负责任的"社会公民"，能否同时帮助自己的员工在品格和能力两方面都得到提升呢？这似乎是一个太过苛刻的要求，但它是一个合理的要求。我个人在十多年前，和一家这样要求自己的后勤服务业的跨国公司合作，通过实践认识到这是可能的。这意味着我们必须学会把伦理道德的诉求和经济目标，设计进同一个工作流程、同一套衡量系统，直至每一种方法、工具和模式中去。值得欣慰的是，今天有越来越多的机构开始严肃地对待这个问题，在各自的领域做出肯定的回答。

第五，"作为一门博雅技艺的管理"或称"博雅管理"，这个讨人喜爱的中文翻译有一点儿问题，从翻译的"信、达、雅"这三项专业要求来看，雅则雅矣，信有不足。liberal art 直译过来应该是"自由的技艺"，但最早的繁体字中文版译成了"博雅艺术"，这可能是想要借助它在中国语文中的褒义，我个人还是觉得"自由的技艺"更贴近英文原意。liberal 本身就是自由。art 可以译成艺术，但管理是要应用的，是要产生绩效和成果的，所以它首先应该是一门"技能"。另一方面，管理的对象是人们的工作，和人打交道一定会面对人性的善恶，人的千变万化的意念——感性的和理性的，从这个角度看，管理又是一门涉及主观判断的"艺术"。所以 art 其实更适合解读为"技艺"。liberal——自由，art——技艺，把两者合起来就是"自由技艺"。

最后我想说的是，我之所以对 liberal art 的翻译这么咬文嚼字，是因为管理学并不像人们普遍认为的那样，是一个人或者一个机构的成功学。它不是旨在让一家企业赚钱，在生产效率方面达到最优，也不是旨在让一家非营利机构赢得道德上的美誉。它旨在让我们每个人都生存在其中的人类社会和人类社群（社区）更健康，使人们较少受到伤害和痛苦。让每个工作者，按照他与生俱来的善意和潜能，自由地选择他自己愿意在这个社会或社区中所承担的责任；自由地发挥才智去创造出对别人有用的价值，从而履行这样的责任；并且在这样一个创造性工作的过程中，成长为更好和更有能力的人。这就是德鲁克先生定义和期待的，管理作为一门"自由技艺"，或者叫"博雅管理"，它的真正的含义。

邵明路

彼得·德鲁克管理学院创办人

| 推荐序二 |

跨越时空的管理思想

20多年来,机械工业出版社关于德鲁克先生著作的出版计划在国内学术界和实践界引起了极大的反响,每本书一经出版便会占据畅销书排行榜,广受读者喜爱。我非常荣幸,一开始就全程参与了这套丛书的翻译、出版和推广活动。尽管这套丛书已经面世多年,然而每次去新华书店或是路过机场的书店,总能看见这套书静静地立于书架之上,长盛不衰。在当今这样一个强调产品迭代、崇尚标新立异、出版物良莠难分的时代,试问还有哪本书能做到这样呢?

如今,管理学研究者们试图总结和探讨中国经济与中国企业成功的奥秘,结论众说纷纭、莫衷一是。我想,企业成功的原因肯定是多种多样的。中国人讲求天时、地利、人和,缺一不可,其中一定少不了德鲁克先生著作的启发、点拨和教化。从中国老一代企业家(如张瑞敏、任正非),及新一代的优秀职业经理人(如方洪波)的演讲中,我们常常可以听到来自先生的真知灼见。在当代管理学术研究中，我们也可以常常看出先生的思想指引和学术影响。我常常对学生说，当你不能找到好的研究灵感时，可以去翻翻先生的著作；当你对企业实践困惑不解时，也可以把先生的著作放在床头。简言之，要想了解现代管理理论和实践，首先要从研读德鲁克先生的著作开始。基于这个原因，1991年我从美国学成回国后，在南京大学商学院图书馆的一角专门开辟了德鲁克著作之窗，并一手创办了德鲁克论坛。至今，我已在南京大学商学院举办了100多期德鲁克论坛。在这一点上，我们也要感谢机械工业出版社为德鲁克先生著作的翻译、出版和推广付出的辛勤努力。

在与企业家的日常交流中，当发现他们存在各种困惑的时候，我常常推荐企业家阅读德鲁克先生的著作。这是因为，秉持奥地利学派的一贯传统，德鲁克先生总是将企业家和创新作为著作的中心思想之一。他坚持认为："优秀的企业家和企业家精神是一个国家最为重要的资源。"在企业发展过程中，企业家总是面临着效率和创新、制度和个性化、利润和社会责任、授权和控制、自我和他人等不同的矛盾与冲突。企业家总是在各种矛盾与冲突中成长和发展。现代工商管理教育不但需要传授建立现代管理制度的基本原理和准则，同时也要培养一大批具有优秀管理技能的职业经理人。一个有效的组织既离不开良好的制度保证，同时也离不开有效的管理者，两者缺一不可。这是因为，一方面，企业家需要通过对管理原则、责任和实践进行研究，探索如何建立一个有效的管理机制和制度，而衡量一个管理制度是否有效的标准就在于该制度能否将管理者个人特征的影响降到最低限度；另一方面，一个再高明的制度，如果没有具有职业道德的员工和管理者的遵守，制度也会很容易土崩瓦解。换言之，一个再高效的组织，如果缺乏有效的管理者和员工，组织的效率也不可能得到实现。虽然德鲁克先生的大部分著作是有关企业管理的，但是我们可以看到自由、成长、创新、多样化、多元化的思想在其著作中是一以贯之的。正如德鲁克在《旁观者》一书的序言中所阐述的，"未来是'有机体'的时代，由任务、目的、策略、社会的和外在的环境所主导"。很多人喜欢德鲁克提出的概念，但是德鲁克却说，"人比任何概念都有趣多了"。德鲁克本人虽然只是管理的旁观者，但是他对企业家工作的理解、对管理本质的洞察、对人性复杂性的观察，鞭辟入里、入木三分，这也许就是企业家喜爱他的著作的原因吧！

德鲁克先生从研究营利组织开始，如《公司的概念》（1946年），到研究非营利组织，如《非营利组织的管理》（1990年），再到后来研究社会组织，如《功能社会》（2002年）。虽然德鲁克先生的大部分著作出版于20世纪六七十年代，然而其影响力却是历久弥新的。在他的著作中，读者很容易找到许多最新的管理思想的源头，同时也不难获悉许多在其他管理著作中无法找到的"真知灼见"，从组织的使命、组织的目标以及工商企业与服务机构的异同，到组织绩效、富有效率的员工、员工成就、员工福利和知识工作者，再到组织的社会影响与社会责任、企业与政府的关系、管理者的工作、管理工作的设计与内涵、管理人员的开发、目标管理与自我控制、中层管理者和知识型组织、有效决策、管理沟通、管理控制、面向未来的管理、组织的架构与设计、企业的合理规模、多角化经营、多国公司、企业成长和创新型组织等。

30多年前在美国读书期间,我就开始阅读先生的著作,学习先生的思想,并聆听先生的课堂教学。回国以后,我一直把他的著作放在案头。尔后,每隔一段时间,每每碰到新问题,就重新温故。令人惊奇的是,随着阅历的增长、知识的丰富,每次重温的时候,竟然会生出许多不同以往的想法和体会。仿佛这是一座挖不尽的宝藏,让人久久回味,有幸得以伴随终生。一本著作一旦诞生,就独立于作者、独立于时代而专属于每个读者,不同地理区域、不同文化背景、不同时代的人都能够从中得到启发、得到教育。这样的书是永恒的、跨越时空的。我想,德鲁克先生的著作就是如此。

特此作序,与大家共勉!

南京大学人文社会科学资深教授、商学院名誉院长

博士生导师

2018年10月于南京大学商学院安中大楼

| 推荐序三 |

彼得·德鲁克与伊藤雅俊管理学院是因循彼得·德鲁克和伊藤雅俊命名的。德鲁克生前担任玛丽·兰金·克拉克社会科学与管理学教席教授长达三十余载,而伊藤雅俊则受到日本商业人士和企业家的高度评价。

彼得·德鲁克被称为"现代管理学之父",他的作品涵盖了 39 本著作和无数篇文章。在德鲁克学院,我们将他的著述加以浓缩,称之为"德鲁克学说",以撷取德鲁克著述在五个关键方面的精华。

我们用以下框架来呈现德鲁克著述的现实意义,并呈现他的管理理论对当今社会的深远影响。

这五个关键方面主要体现在以下方面:

(1)**对功能社会重要性的信念**。一个功能社会需要各种可持续性的组织贯穿于所有部门,这些组织皆由品行端正和有责任感的经理人来运营,他们很在意自己为社会带来的影响以及所做的贡献。德鲁克有两本书堪称他在功能社会研究领域的奠基之作。第一本书是《经济人的末日》（1939年），"审视了法西斯主义的精神和社会根源"。然后，在接下来出版的《工业人的未来》（1942年）一书中，德鲁克阐述了自己对第二次世界大战后社会的展望。后来，因为对健康组织对功能社会的重要作用兴趣盎然，他的主要关注点转到了商业。

（2）**对人的关注**。德鲁克笃信管理是一门博雅艺术，即建立一种情境，使博雅艺术在其中得以践行。这种哲学的宗旨是：管理是一项人的活动。德鲁克笃信人的潜质和能力，而且认为卓有成效的管理者是通过人来做成事情的，因为工作会给人带来社会地位和归属感。德鲁克提醒经理人，他们的职责可不只是给大家发一份薪水那么简单。

对于如何看待客户，德鲁克也采取"以人为本"的思想。他有一句话人人知晓，即客户决定了你的生意是什么、这门生意出品什么以及这门生意日后能否繁荣，因为客户只会为他们认为有价值的东西买单。理解客户的现实以及客户崇尚的价值是"市场营销的全部所在"。

（3）**对绩效的关注**。经理人有责任使一个组织健康运营并且持续下去。考量经理人的凭据是成果，因此他们要为那些成果负责。德鲁克同样认为，成果负责制要渗透到组织的每一个层面，务求淋漓尽致。

制衡的问题在德鲁克有关绩效的论述中也有所反映。他深谙若想提高人的生产力，就必须让工作给他们带来社会地位和意义。同样，德鲁克还论述了在延续性和变化二者间保持平衡的必要性，他强调面向未来并且看到"一个已经发生的未来"是经理人无法回避的职责。经理人必须能够探寻复杂、模糊的问题，预测并迎接变化乃至更新所带来的挑战，要能看到事情目前的样貌以及可能呈现的样貌。

（4）**对自我管理的关注**。一个有责任心的工作者应该能驱动他自己，能设立较高的绩效标准，并且能控制、衡量并指导自己的绩效。但是首先，卓有成效的管理者必须能自如地掌控他们自己的想法、情绪和行动。换言之，内在意愿在先，外在成效在后。

（5）**基于实践的、跨学科的、终身的学习观念**。德鲁克崇尚终身学习，因为他相信经理人必须要与变化保持同步。但德鲁克曾经也有一句名言："不要告诉我你跟我有过一次精彩的会面，告诉我你下周一打算有哪些不同。"这句话的意思正如我们理解的，我们必须关注"周一早上的不同"。

这些就是"德鲁克学说"的五个支柱。如果你放眼当今各个商业领域，就会发现这五个支柱恰好代表了五个关键方面，它们始终贯穿交织在许多公司使命宣言传达的讯息中。我们有谁没听说过高管宣称要回馈他们的社区，要欣然采纳以人为本的管理方法和跨界协同呢？

彼得·德鲁克的远见卓识在于他将管理视为一门博雅艺术。他的理论鼓励经理人去应用"博雅艺术的智慧和操守课程来解答日常在工作、学校和社会中遇到的问题"。也就是说，经理人的目光要穿越学科边界来解决这世上最棘手的一些问题，并且坚持不懈地问自己："你下周一打算有哪些不同？"

彼得·德鲁克的影响不限于管理实践，还有管理教育。在德鲁克学院，我们用"德鲁克学说"的五个支柱来指导课程大纲设计，也就是说，我们按照从如何进行自我管理到组织如何介入社会这个次序来给学生开设课程。

德鲁克学院一直十分重视自己的毕业生在管理实践中发挥的作用。其实，我们的使命宣言就是：

> 通过培养改变世界的全球领导者，来提升世界各地的管理实践。

有意思的是，世界各地的管理教育机构也很重视它们的学生在实践中的表现。事实上，这已经成为国际精英商学院协会（AACSB）认证的主要标志之一。国际精英商学院协会"始终致力于增进商界、学者、机构以及学生之间的交融，从而使商业教育能够与商业实践的需求步调一致"。

最后我想谈谈德鲁克和管理教育，我的观点来自2001年11月*BizEd*杂志第1期对彼得·德鲁克所做的一次访谈，这本杂志由商学院协会出版，受众是商学院。在访谈中，德鲁克被问道：在诸多事项中，有哪三门课最重要，是当今商学院应该教给明日之管理者的？

德鲁克答道：

> 第一课，他们必须学会对自己负责。太多的人仍在指望人事部门来照顾他们，他们不知道自己的优势，不知道自己的归属何在，他们对自己毫不负责。
>
> 第二课也是最重要的，要向上看，而不是向下看。焦点仍然放在对下属的管理上，但应开始关注如何成为一名管理者。管理你的上司比管理下属更重要。所以你要问："我应该为组织贡献什么？"

最后一课是必须修习基本的素养。是的，你想让会计做好会计的事，但你也想让她了解组织的其他功能何在。这就是我说的组织的基本素养。这类素养不是学一些相关课程就行了，而是与实践经验有关。

凭我一己之见，德鲁克在2001年给出的这则忠告，放在今日仍然适用。卓有成效的管理者需要修习自我管理，需要向上管理，也需要了解一个组织的功能如何与整个组织契合。

彼得·德鲁克对管理实践的影响深刻而巨大。他涉猎广泛，他的一些早期著述，如《管理的实践》（1954年）、《卓有成效的管理者》（1966年）以及《创新与企业家精神》（1985年），都是我时不时会翻阅研读的书籍，每当我作为一个商界领导者被诸多问题困扰时，我都会从这些书中寻求答案。

珍妮·达罗克

彼得·德鲁克与伊藤雅俊管理学院院长

亨利·黄市场营销和创新教授

美国加州克莱蒙特市

| 序 言 |

我写这篇序言是在 1995 年 3 月 11 日，距离戈尔巴乔夫当选苏联共产党中央总书记已经整整 10 年。这 10 年里，政治世界沧海桑田，面目全非。经济世界的变化虽然没这么强烈，但也同样重要、深刻、不可逆转。可惜，迄今为止，注意到这一点的人并不太多。

具体而言，第一，在资本主义世界，政府成为暴风的中心，亦是来势汹汹、无法预测的经济和货币动荡的幕后之手——这是 40 年来"凯恩斯主义福利国家"失败带来的后遗症。1985 年之前，"凯恩斯主义福利国家"的理论和政策主宰着西方国家。政府造成的这些威胁，尤其是突发的恐慌和经济崩溃，能将人们多年来为经济发展和繁荣所付出的心血毁于一旦——几个月前，墨西哥的情形便是如此。更可怕的是，如此惨痛的后果并不仅仅局限于发展中国家。瑞典和意大利这两个欧洲国家，因为政府过度借贷和支出，便落入了同样不稳定的局面，甚至连法国的稳定也值得怀疑。美国近乎孤注一掷，尽了最大的努力减少政府赤字。在各发达国家中，日本虽可算独善其身，没有陷入政府支出无限制扩张和低储蓄的境地，但其政府和政策也岌岌可危。长达40年的稳定宣告结束。没有一个国家像日本那样，政府财政和货币政策的失效掀起了如此规模的惊涛骇浪。"圆高"（指日元升值并高企的货币政策）只不过是小小的警告——比方说，若是中国在通货膨胀失控后经济和货币崩溃，那么对日本意味着何等后果。

第二，世界经济的结构和动态发生了深刻的变化。过去10年，世界经济大发展并未出现在日本、美国或西欧，而是出现在亚洲的发展中国家和地区（包括中国的沿海地区）以及拉丁美洲的一些国家。这些国家和地区在经历了多年剧烈的通货膨胀和贸易保护主义之后，回到了财政廉洁和自由市场的道路上，表现出近乎爆炸性（尽管也非常危险）的经济增长。世界经济再也没有所谓的"中心"了；小小的中国台湾地区，如今实现了世界第二大的外汇盈余。"超级大国"也再没有了。日本在亚洲的发展上率先领跑，可在真正能促进经济发展的高科技行业，比如生物技术、基因遗传、信息技术、软件和新金融方面，日本还显得很落后。美国为自己的制造业做了很好的布局。大部分美国制造业已足可以跟其他任何国家匹敌，连汽车行业也几乎迎头赶上了。而且，在新的发展行业，尤其是高科技产业中，美国获得了几乎无法匹敌的领先优势。可惜，美国在政府财政和储蓄率上表现差劲。

西欧一直无法利用经济一体化带来的庞大商机，在所有高科技领域的制造效率方面严重落后，就业局面也堪忧。

第三，组织结构和业务策略处于变动之中。两者都逐渐受到信息化的极大影响，传统的商业组织形式过时了。"雇主"的传统概念，即人们效力的公司解体了，越来越多的人成了临时工，外包日益普遍。在外包过程中，人们与公司"共事"（比如，合作处理数据等），却并不为公司"工作"，不是公司的雇员。在西方国家，越来越多最高级、责任最重大的雇员很少来公司坐班，而是在家里、在住所附近的小型办公室里工作——当然，这个现象在日本表现得还不太明显。

第四，劳动力在迅速变化。就在昨天，大规模生产工厂里的蓝领产业工人尚是劳动力的核心力量。今天，蓝领产业工人的人数就迅速萎缩，重要性自然也大幅缩水；就算仍在工厂里从事蓝领产业工人所做工作的人，也跟从前大不一样。他们是掌握了相当多理论知识的"技师"，而不再是用双手卖力、照料机器换取报酬的人。在每一个发达国家，劳动力的核心都愈发侧重于知识工人，他们不靠卖力，而是靠在学校或大学里学到的知识赚钱。这些人对自己的工作、对工作的管理方式、对自己的机遇和回报有着完全不同的期待。以前能提高传统蓝领工人工作效率的举措不再适合了，再也无法提高知识工人的生产效率。知识工人对生产力提出了一种性质不同但同样关键的挑战。

第五，这一切变化的背后是向知识的转变，因为知识成为生产的关键资源。

过去10年发生的事情，并不是自由市场和自由企业实现了最终胜利。虽然苏联和东欧的中央计划经济实践失败了，但这只不过让自由市场和自由企业所面临的挑战表现得更加清晰了而已。

那么，这一切对个别国家及其经济，尤其是日本意味着什么呢？对社会意味着什么呢？对个别公司意味着什么呢？最后，对个人，尤其是管理者及专业人士，又意味着什么呢？这些就是中内功先生和我之间的对话想要探讨的问题。这轮对话始于去年秋天，那是我最近一次访问日本。之后的整个秋天和冬天，我们通过信件和传真继续讨论。中内功先生和我有着同样的担忧，但着眼点不一样：中内功先生对西方很了解，而且还是日本人；他是一位企业家，创建并经营着大荣公司，这是全世界最大、最成功的食品零售商之一；他是日本经济团体联合会的副主席，深入参与公共政策和社会事务。我则是西方人，我对日本小有了解，也很喜欢这个国家。我并不算是"理论家"；我通过咨询实践，每天都能接触大量组织（这其中有企业，也有医院、政府机构以及博物馆和大学等公共服务机构）遭遇的具体问题和机遇。我曾与世界各大洲的这些组织共事：北美洲（包括加拿大和墨西哥）、拉丁美洲、欧洲以及日本和东南亚地区。尽管如此，咨询师仍然与组织的日常实践有一定的距离——这既是咨询工作的优点，也是它的缺点。所以，我的视角更倾向于"旁观者"。不过，我们两人很快发现，这两种方法是互为补充的。

谈话内容分为两部分，因为我们的对话就是这么展开的。第一部分着眼于经济、社会和商业方面的重大发展。第二部分关注的是过渡时期我们面临的具体挑战：从个人、企业和政府的角度来讲，我们应该如何改变、革新？但这两部分都体现了我和中内功先生的一个共同信念：理论要与实践相结合。理论告诉我们需要做什么，实践告诉我们怎么去做。通过这次对话，中内功先生和我试着既提供知识，也提供有效的行动指导。读者可能会问许多我们两人都无法回答的问题——毕竟，我们仍然处于过渡时期。但我希望对话里蕴含了足够的养分，让每一位读者获得对这个快速变化的世界更深刻的了解，也为改善自己的行动和知识、提高成长和业务绩效提供有效的指点。

提出进行这次对话的是中内功先生，主要的问题也都是他拟定的。我非常感谢他提出了这些深思熟虑的问题，他全面的评价也为我们的对话奠定了良好的基础。我还要感谢在这个项目进行过程中不断提出建议、发现问题的几位朋友，他们是：东京钻石出版社（Diamond Publishing, Inc.）的出版人福田达夫先生、编辑上坂进一先生，以及外版图书总经理伊藤胜义先生。本书的内容连贯和清晰，多亏了这三位先生的帮忙。我和读者都应向他们表示最诚挚的感谢。

彼得·德鲁克

于加利福尼亚州克莱蒙特

1

第一部分
挑战的时代

DRUCKER ON ASIA

第 1 章
中国带来的挑战

第 2 章
无国界世界带来的挑战

第 3 章
"知识型社会"带来的挑战

第 4 章
企业家精神和创新所面临的挑战

第 5 章
第一部分的附录

第 1 章 | CHAPTER 1

中国带来的挑战

中国这一巨大的市场未来会如何

◎ 中内功

亚洲地区最近的经济发展令人瞩目,尤其是中国。这个国家的迅速发展和转型,令我们惊讶不已。举个例子,中国像磁铁一样吸引着世界各国的企业前往投资,这跟俄罗斯形成了鲜明的对比。磁力的来源在于中国有着 12 亿多人口,市场体量极为巨大。俄罗斯通过改变政治制度进入了现代世界,中国政府则靠着灵活和现实的开放政策改变了自己的经济形态。全球的企业家都发现,评估中国市场的发展潜力,有着相当大的战略重要性。

德鲁克教授,我想问问您对中国的现在和未来有什么样的看法。

1994 年 9 月 21 日

中国市场的风险比其他任何地方都要大……
但机遇太大，不容忽视

◎彼得·德鲁克

过去几十年，您在大荣公司以及另外几家大众零售商那里所做的工作，远远不止是建立了几家大公司而已。通过您的企业，您攻克、解决了40年前一个困扰日本、貌似棘手的核心社会问题：如何将老式的夫妻小店转换成现代化的分销系统，同时又不引起重大的社会错位。我在对话一开始就提到这一点，因为这次的对话会有很多问题涉及由世界经济、政治和社会变化以及技术发展导致的社会错位。您在大荣公司和日本其他几家零售企业所做的一切，其实就是把这些错位视为开展主要业务、解决社会问题的机遇，而这正是我们解决错位问题所需的榜样。在未来的岁月里，这些社会错位有可能变得越来越严重，变得越来越棘手。

中国沿海地区的发展

现在，我要谈谈您在信中提出的问题。

我认为，您的第一个问题直指中国及其未来，眼光十分精准。毫无疑问，过去10~15年中国沿海地区及东南亚诸国的崛起，是世界经济中最重要的事件，但由此引发的问题也最多。

我们都知道，过去10多年，中国沿海地区是世界经济发展最快的地方，其发展速度不亚于此前世界任何地区。有充分的理由相信，中国沿海地区已经成为世界第三大经济实力区。如果能继续保持当前的发展路线，到 2000 年，那里很可能成为世界第二大经济实力区，产量不亚于日本今日之水平（尽管人口是日本的三四倍）。事实上，从经济实力的角度看，中国沿海地区的崛起完全改变了世界经济的性质。

世界经济从三足鼎立转向多中心

当时（也就是 10 来年前），这似乎是一个非常现实的观点，事实上，它也对 20 世纪六七十年代的"浪漫发展观"做了必要的纠正。但如今，这个看法出错了。世界经济不再有单一的"核心"，转而形成了多个中心。当然，造成这一局面的原因，便是中国沿海地区的爆炸性发展，以及更多东亚、东南亚国家，如韩国、泰国、马来西亚、印度尼西亚、菲律宾等的快速发展。除了亚洲，拉丁美洲也出现了类似的发展，首先是墨西哥突然实现了货币稳定，资本市场走向开放，催生了"墨西哥奇迹"。所有以墨西哥为榜样的拉美国家，也都开始了类似的爆炸式发展：通货膨胀停止了，资本市场开放了。先是智利，接着是阿根廷，而后是秘鲁，其发展速度足可与东南亚诸国一较高下。巴西要实现类似的爆炸式发展，也费不了太大功夫。

发达国家染上"流感"

这一切之所以显得如此突出，是因为过去 10 年，发达国家（"三足"诸国）做得都不太好。我稍后会谈到，日本其实干得比您想象的好很多。照我看来，我上次拜访日本所感受到的普遍悲观情绪，其实并没有太多的支持理由。实际上美国也做得比日美两国大多数人想象的好很多。只不过，日美两国都碰到过艰难和动荡时期。西欧真正遭遇了严重的经济衰退，丧失了发展动力。尽管如此，世界贸易还跟以往一样飞速发展，甚至发展得更快。世界生产也是如此。

10年前，任何人都会认为这是不可能的事情。照我说，400年来的经济学公理一直是这样的：如果发达国家碰上了小伤风，发展中国家就会彻底垮掉。最近10年发达国家碰上了颇为严重的伤风——我甚至可以说这是一场很棘手的"流感"。可在世界的许多地方，尤其是亚洲，却出现了前所未有的繁荣时期。经济理论对此无法解释，但事实就是这样。所以，世界经济不再像大前研一10年前说的那样完全由"三足"里的经济势力主宰。

经济力量均衡状态的转变

中国台湾地区是一个缺乏天然资源的小岛，如今却成了世界第二大的资本聚集地。中国大陆很快会成为重要的汽车市场，德国大众和日本丰田在此苦战，争夺领先地位。世界最大的室内空调（这是一种高度机械化的产品）制造商，现在落户新加坡。世界最大的标准化微电路芯片制造商则来自韩国和中国台湾地区。

应该强调的是，南美的发展改变了世界力量的均衡。1992年，《北美自由贸易协定》（North American Free Trade Agreement，NAFTA）签署，墨西哥和美国有许多人都预测，墨西哥的商业和工业将被美国的跨国公司接管、并购。可实际上,墨西哥人反倒打入了美国。过去两三年,墨西哥公司在美国南部和西部的投资远远多于美国企业在墨西哥的投资。在美国南部和西南部,墨西哥企业已经彻底垄断了一些在本质上就只需要小工厂(因为无须运输太远)的生意,比如水泥和玻璃瓶等。

一个多中心的世界

还有一件同样令人惊讶的事实:经过了长达6年的停滞和严重经济衰退,德国的复苏并非始于国内市场的振兴,也并非始于向德国过去的最佳消费国(加入了欧盟的邻国)出口。它甚至并非来自将德国最优秀的高附加值、高价格的工程产品卖给传统客户。德国的复苏来自向亚洲的出口,尤其是向中国。

换句话说,世界似乎是有点报复性地变成了多中心。关于中国的重要性,这是第一件要说明的事情。因为,在世界经济的这一轮全面重组过程中,中国沿海地区成长为一个经济实力强大的地区显然是其核心事件。

中国管理的秘密

我愿意做出这样的预测:10年之内,我们会看到美国和欧洲出现许多以"中国管理的秘密"为主题的商业图书,就跟过去10年冒出来大量以"日本管理的秘密"为主题的书籍一样。中国人正在设计一套与众不同的独特管理风格和管理结构。我经常说,日本的秘密在于它有能力将一家现代企业变成一个大家庭；中国管理的秘密很可能在于它能将一个家族企业变成一家现代化企业。

海外华人

我认为，过去几年，一股新的经济超级势力在崛起，而且这种势力完全无前例可循，那就是海外华人。他们散布在太平洋两岸的许多地方。新加坡，这个小地方的人口几乎完全以华人为主。此外还有马来西亚，华人占该国人口的30%；在菲律宾、印度尼西亚和泰国，华人的比例更小一些；当然，在太平洋的这一边也有许多华人，比如加拿大温哥华、美国旧金山以及美国加利福尼亚的许多地方。这些华人已经成为所在国的忠诚国民，但同时又构成了一张无形的、靠血缘和家族关系维持的经济网。在中国的漫长历史里，家族成员之间的相互信任，是一个家族生存、积累财富的唯一途径。这同样是一个重要的新发展趋势，值得我们认真对待并加以研究。海外华人主要靠着家族关系，迅速建立了许多新的跨国公司，而且往往不需要投入太多的资金。

一个华人经营公司的案例

曼谷有一家为全世界个人计算机制造商生产零部件的企业，由华人血统的泰国公民拥有并经营。它现在设有11家工厂，分布在世界各地：中国有3家，美国有4家，马来西亚有3家，印度尼西亚有1家。它还打算于1995年到欧洲（或许是英国）再新增两三家工厂。每一家工厂都由所在国公民经营管理。但这些工厂管理者又无一例外都是总公司业主或业主妻子的亲戚。唯一例外的是美国工厂的负责人，那是个德裔美国人，但跟曼谷老总的侄女结了婚。这11家工厂的规模都不大，将来在欧洲开的工厂也不会很大。每家工厂的雇员为100～150人。但加在一起，它们生产的零部件供应给全世界每一家主流计算机厂商，市场份额近50%。

对"无形基础设施"的投资

海外华人最重要的一点是他们对中国做出了巨大的贡献。以日本为首的发达国家制造商，是资本密集型设备的主要投资者——制造业的工厂、铁路的重建、电信，等等。而海外华人则以"无形基础设施"为着眼点，他们兴建金融网络。中国几乎没有金融方面的底层结构，故对其有着极迫切的需求。海外华人给予了很大的支持，尤其是在中国内陆，以及大都市以外的地区。他们还提供法律基础——没有法律基础，中国便无法发展。

缺乏接受过良好教育的人才

在中国经商的每个人都发现，中国工人很容易培训，但现代经济的真正要害并不在于劳动力。我们知道如何培训工人，哪怕时间很短也做得到。真正的要害在于大量受过良好教育的人才——工程师、会计师、市场研究人员、化学师、冶金师、金融分析师，等等。可以说这些在中国几乎无人知晓。就受过高等教育的人数和人员质量而言，中国远远落后。当时，中国有着12亿多的人口，却只有400万的学生能在上完高中后进入更高的教育阶段。美国的人口还不到中国的1/5，同一数字却为1250万。日本的人口不到中国的1/10，接受高级教育者却至少有500万。再加上时代的影响，中国本来就不多的受过高等教育的人才就更少了。

中国的高等教育

要创造一支受过良好教育的劳动力大军，并不单单只是培训的问题，也不是短短几个月或者几年能办成的。日本从明治初年就开始这方面的努力，可直到明治末年，日本才终于有了足够的受过良好教育的人才满足本国的需求。这才不过是80年前的事。

海外华人做出的最大贡献就在这个领域。资金和技术都可以靠海外供应。短时间内，甚至连高层管理人员也能从国外引进。但中层管理者、专业人士、技术人员，却必须是本国人，或者至少有相同的文化背景。日本、美国或者欧洲没法为中国输送这样的人才。这些人必须自认为是中国人，也能够被别人视为中国人。而这正是海外华人在中国经济和社会发展中起到的关键甚至决定性的作用。

乐观主义看中国建立经济自治区的潜力

放眼漫长的历史，虽然从法律上看，中国是一个由中央政府管理的国家，但很多时候，也多多少少被划分为不同的地方主导力，也就是现在所谓的"经济自治区"。在这些大型的区域性群体中，人们基本上说同一种方言（上海话也好，广东话也好，闽南语也好），有一个占主导地位的区域性中心城市。这些地区受中央政府管辖，但对地方事务有相当大的独立控制权。这些地区中的每一个都跟世界上其他地方的"大国"差不多大，每一个都有着极为独特的个性。这是中国历史上普遍采用的管理模式，事实上，每当这一模式盛行，中国总是处在最蓬勃发展的时期。

有强烈的迹象表明，中国正在朝这个模式转移。如今中国已经出现了5个类似的"经济自治区"，尽管尚未得到官方的正式认可。一个出现在东北，另一个在天津附近，上海周围也有一个，以广州-香港为轴心有一个，最后一个在闽南地区。

我认为这是中国到2010年时最乐观的发展前景，或者这么说吧，如果这一发展趋势能够和平、和谐地进行下去，不引起重大动荡或灾难，那就更好了。

巨大的机会，巨大的风险

中国，尤其是沿海地区，既是当前世界经济最充满前途的地方，同时也是最具风险的地方。如果中国能成功克服自己面临的巨大问题，便能展现出远超任何一个国家的发展前景，足可与19世纪末的美国和太平洋战争后的日本一较高下。与此同时，它应对的风险也比我们见过的任何地方都要大。到目前为止，没有迹象表明政府出台了任何有效的政策来解决这些问题。

风险很大，却不能不冒险一试

那么，这对商人，尤其是日本商人，有什么样的隐含意义呢？放弃中国的机会？答案是"不"。忽视中国面临的威胁？答案仍然是"不"。或许，对日本的大企业或者西方的大企业而言，进入中国固然有着很大的风险，但却不能不冒险一试。这是一场赌博，而且，我认为，这场赌博的结局难以判断，胜败皆有可能。事实上，经验丰富的老赌客或许会说，在中国成功的概率恐怕不超过三成。

最大的市场机遇

然而，发达国家的大企业，尤其是大型制造企业，恐怕负担不起不进入中国（直接投资或合资经营）带来的风险。机遇千载难逢：中国有迅速进行基础建设的需求，尤其是对电信业务的需求；市场机遇，哪怕仅限于刚刚兴起的三四亿中产阶级，也都足够大了。与此同时，任何进入中国市场的人都应当意识到，这是一场赌博，赌的不是经济，而是政治；而避免政治赌博，又从来都是商场上的最高智慧。

中国的短期未来和关键决策，会在接下来的5~10年内出台，这也许是世界经济和政治领域的头等大事。经济繁荣、社会和平的中国，将提供自第二次世界大战（以下简称"二战"）后欧洲、日本复兴以来最大的市场机遇。

1994 年 11 月 10 日

只有无形基础设施的发展，才能给中国带去繁荣；
而实现这种发展，是我们的使命

◎ 中内功

您对我的问题回答得非常清楚，合乎逻辑、雄辩有力。它解释了我自己的一种说不清道不明的感觉。您说得太好了，我自愧不如。您看，我原想邀请您进行一场热烈的辩论，但您的观点如此坚定，几乎没有反驳的余地。您的来信是我收到过的最好的信件，给我留下了极其复杂的感受！我希望从这些感受中得到启发，找到合适的途径，坦率地在回信中说清楚自己的想法。

"答案是'不'"对我起到了激励作用

所以，我想开诚布公地谈一谈中国。一如您信中所说，工业化国家的企业家在中国的胜算不到三成，但他们又必须意识到，不能不冒着风险到中国做生意。对此我毫不怀疑。

日本的大众媒体最近一直在报道日本本土和其他工业化国家的企业争先恐后地到中国成立合资企业，签订投资合同。媒体告诉我们，中国为这些公司提供了巨大的商机。

然而，媒体也带给我们一些相反的消息。它们让我们觉得，在中国投资机会固然很大，但风险也很高。我们都知道，大众媒体在这些事情上总爱夸大其词。可不管怎么说，尽管中国提供了许多重要的商机，也确实带来了不少令人担忧的风险。如您所说，进军中国是许多工业化国家的企业的一场政治豪赌。而大多数企业，此前一直力求避免政治赌博。我们必须记住，失败的概率比成功的概率高。

因此，一些企业家犹豫不决再自然不过了，他们想等到自己完全看清中国的发展方向后再到当地去开展业务。这样的等待和观望态度在日本商业领袖中也很常见。不过，考虑到中国的情况，没人能批评他们是胆小鬼，说他们丧失了创业精神。

但对于"我们是否应该忽视中国的机会"这一问题，您的答案却是一个斩钉截铁的"不"字。这给了我很大的鼓励，因为我一直在考虑是否到中国去扩展业务。

中国市场的吸引力

中国有许多方面的吸引力。日本企业早已意识到这些吸引力，但在它们眼里，中国却似乎只是生产基地或者出口对象。中国作为一个庞大市场所散发的吸引力，是很有必要加以强调的。

这么说的原因之一在于，国际货币基金组织（IMF）算出1991年中国的人均年收入为1450美元。这个数字约为官方公布数据的4倍。再考虑到中国至少11亿的人口，我们可以说，中国是一个每年价值1.6万亿美元的庞大市场。有人说，以美元计算，1990年中国的国内生产总值，约占全球经济的2%。但如果国际货币基金组织的计算没错，中国的国内生产总值就至少占全世界的6%，仅次于美国和日本。

国际货币基金组织的计算夸大了发展中国家经济的规模，背后的确存在政治意图，但数字本身并不重要。尽管中国的经济尚不能和发达国家相比，但从宏观经济学的角度来看，中国的确在逐渐走向富裕。随着时间的推移，中国社会的大众消费必将崛起。

到访过中国，尤其是中国沿海地区的人，能够很清楚地看到这一点。广东就是其中一例，它依靠香港的资金，发展迅猛。和上海一样，广东正逐步从单纯的生产基地转型为巨大的消费基地，成为一个日益膨胀、吸引力极强的商品市场。

未来已经初现端倪

我相信，这一消费市场带来的拉动作用，将顺着两河扩展到内陆地区。沿海经济的变化令中国人民听见、看到、理解了经济发展意味着什么，会带来什么样的好处。正如您在《为成果而管理》⊖一书中所说，未来已经初现端倪。出于这个原因，我相信中国的市场拉动力在可预见的未来不会减小。

当然，在这么大的一个国家，如果只看到一小部分地区的迅猛经济发展就做出积极的赞美，这种观点就非常片面，也极为危险。再考虑到您所说的事实，这种观点就更有失偏颇且危险了。

经济发展带来的繁荣，大约只惠及了中国 10% 的人口。根据过去的商业经验，我有一种直觉：要让经济发展为其余人口（10 亿以上）带去繁荣，还需要相当长的时间，远远不止 5~10 年，而是几十年。中国政

⊖ 本书已由机械工业出版社出版。

府总说中国是一个发展中国家，原因大概就在这里吧。

生产基地的扩展还不够

我们不应当容忍一些工业化国家的企业在中国的做法。它们无视中国的问题，尤其是那些涉及人民生计的问题，它们扩大业务只为了一个目的：利用低廉的劳动力成本和土地在短期内攫取利润。诚然，我们不能否认，日本的地价和劳动力成本都在上涨，生产能力也已达极限。所以，我们很难批评日本的企业，尤其是制造企业，进军中国寻找低成本生产基地。它们的确以短期内赚取利润为目的，但也为中国创造了许多就业机会，提高了当地人民的收入。

劳动力成本和地价低廉的优势，不只存在于中国，也存在于大部分的发展中国家。历史告诉我们，随着当地的经济发展，这些成本优势会逐渐丧失。事实上，工业化国家的企业为寻求更大的优势，还打算扩张到比中国更欠发达的国家，如印度、越南、老挝、柬埔寨和缅甸。我们知道，许多企业已经开始向这些国家扩张了。与此同时，一如您在信中所说，有意思的是，一些曾经把生产转移到低薪国家的美国企业，如今又在迁回美国。

这就是为什么没人能断言，如果中国继续依赖专供出口的二次生产，经济发展能够一直持续下去。要是出现最坏的结果，那么经济发展的好处还没来得及扩散到全国，地区之间的摩擦就浮出水面，失去控制，导致全国的大规模骚乱。过去20年里，我一直是中国的朋友，我很担心中国出现这样的灾难局面。

"无形基础设施"的改善

为了阻止这种可怕的设想变成现实，我们日本企业家应该怎么做呢？您在信中举了一些清晰的例子，回答了这个问题。

那就是要同时改善中国"有形"和"无形"的基础设施。您在信中指出，工业化国家的企业已经对工厂、铁路、电信网络等投入了巨大的资本，建设可见的、有形的基础设施。而海外华人则帮忙建设由诸如金融网络、流通系统等元素构成的无形基础设施。

我以为，在华日本企业家应当支持海外华人所做的努力，扮演好自己的角色。我们应当合作发展无形基础设施。这里，我想到的主要是像我这样从事零售贸易的人。

多年来，我一直认为，一个国家的流通系统应用该国人民的资金来建设。本国民众更熟悉国家不同地区生产的产品，知道什么样的流通路线最为高效。这就是为什么我过去总是认为，当地人最容易察觉本国流通系统存在的问题。我以前还认为，日本人应该尽量避免插手别国的流通事务，因为他们完全不熟悉，无法在中国建立一套合适的流通系统。

决定进军中国

然而，多年来从中国进口商品的经历，让我在这里建立了许多人际关系。为了回报这些年蒙受的好意和恩惠，我产生了强烈的愿望，想帮助中国的流通系统实现现代化，为创造共同富裕略尽绵薄之力。几年前，我发起了一个项目，每年邀请 5 名中国学生到日本流通科学大学

（University of Marketing and Distribution Sciences）留学，修读能提供奖学金的项目。我希望让中国的年轻人有机会获得流通方面的知识，等他们回到中国后，能够出力改进当地的流通系统。

然而，中国的经济发展，近年来提速极快。赞助中国学生到日本留学，无法再为中国的流通系统现代化施加必要的影响，更跟不上第二产业的发展步伐。我在前面说过，如果中国流通系统的落后本质进一步加大该国各地区之间生活水平的差距，那么，谁也无法保证我们最担心的那一幕不会出现。

我相信，中国要想避免这种最坏的结果，必须让全国人民，而不仅仅是部分地区的居民，都达到一定的物质富裕水平。流通系统若不能尽快现代化，这一目标就实现不了。具体而言，我们必须想办法避免商品过分集中在某些地区。流通系必须在中国的广阔幅员上全面建立起来，让所有人都能在自己想要的时候，以能够负担的价格，买到任意数量想要的商品。这个目标，和我在日本大力推动的"流通革命"是一样的。

接下来的问题是：怎样创造一个现代化的流通系统呢？铁路、公路、港口和流通设施等可见的硬件基础设施似乎已经出现了稳定（尽管略微缓慢）的进步。相比之下，必须建立在硬件上的无形软件基础设施，如物流建设技术、零售商店设计和产品的有效展示方式，则大幅落后。

大荣公司已经决定开始在中国建立零售网点，包括一些偏远的内陆地区。我们打算和中国的同行一道学习怎么在全国范围内开店。通过这种方式，我们希望能够利用在日本积累的丰富经验，帮助中国流通系统实现现代化。

企业家的使命

听见您赞赏大荣公司及日本其他大型分销商在解决日本流通系统社会失衡方面付出的努力，我备感荣幸。您还评论说，这些技术同样可以用来解决社会其他方面的失衡问题。我很高兴能从一位我万分敬重的大人物口里得到这样的评价，因为这强化了我"进军中国十分重要"的认识。

我们在中国可能会采取谨慎行事的态度。全国网点尚未建成之前惨遭破坏的可能性始终存在。然而，作为邻国，我们不能袖手旁观。从我自己的经验来看，流通的现代化能提高人民的生活质量，带来社会的和平，使国家远离战争的蹂躏。

您曾形容流通是"黑暗大陆"。可我觉得，身为企业家，为了中国、亚洲和世界的和平，我有责任帮助中国实现流通现代化。

您对中国问题的答复，加强了我的一种感觉：日本企业高管要为此肩负起相当大的责任。

1994 年 12 月 7 日

只有以流通为导向的经济发展，才能造就中国所需的人力资源

◎彼得·德鲁克

发展经济靠的是人，不是钱

讨论中国的时候，您正确地指出了流通的重要性：经济学家对此懂

得不多，政治家就更少了。经济发展的主要动力，恐怕更多地来自流通而非生产。发展经济学家讨论以投资为主导的发展和以出口为导向的发展。同时，他们也讨论以流通为导向的发展，即发展的经济动力靠国内市场创造。放眼经济史，这三种情况都有先例。以流通为导向的发展和另外两者的区别在于，它不仅发展业务，还为人带去发展。

投资拉动理论是世界银行 50 年前提出的，但在 20 世纪上半叶并未得到证明。尽管我曾是世界银行早期的热心支持者，还曾和最早的两位行长密切合作过，但我仍然要这么说。它之所以不管用，是因为世界银行的投资并未产生人力资源。可发展经济，靠的是人，不是钱。世界银行的投资主要集中在钢铁厂等生产设施上。诚然，这些工厂能生产出钢铁，带来就业岗位，但却不能生产出胜任的工人。反过来说，以流通为导向的发展，创造了成千上万的小企业，从而也就造就了人力资源和胜任的员工。

中国的流通

在中国，这一点可能尤为重要。中国迫切需要的正是人：这些人有一些创业和经营的经验，还有一些人事管理、财务管理的经验，等等。中国需要的就是像你们旗下加盟代表那样的人：地方小商人，他们从核心组织得到足够的支持，把自己的生意做得风生水起，同时又能在自己的小宇宙里负起责任。事实上，世界各国政府都对地方小企业心存疑虑，因为它们难以控制。

在像中国这样幅员辽阔的国家，流通可能会呈现出和其他地方有很大不同的形式。等中国发展起来之后，我们很可能看到这里出现十多种流通系统，每个系统都以一个大都市区域为核心，自治甚至独立行事。它们的共同点是，要求当地人在当地开店，学会经营，学会做决策，学会管理员工。换言之，就是要通过工作的训练，将他们变成经济发展的代言人。我的意思是，流通不仅是发展的一个要素，更在创造人力资源上发挥着重大的作用。当然，这还需要其他一些事情的配合。

首先也是最重要的是，需要有一套可靠、可预见的法律体系，以及一套相当有效的金融体系。我可以这么说，后一点为日本明治时期的高速发展提供了动力。我认为涩泽荣一是日本19世纪经济发展中的核心人物。但对中国发展来说，培养人力资源的现代化流通系统是绝对不可或缺的核心要素。没有它，一切都无法运转。出于这个原因，我认为，您对中国发展采用的方法最为周到，也最具可行性。

1994年12月20日

CHAPTER 2 | 第 2 章

无国界世界带来的挑战

对于日本产业"空洞化",以及日本在无国界世界中扮演的角色,您有什么样的看法?全球性经济集团的理想安排是怎么样的

◎ 中内功

日本在亚洲扮演的角色

有人说,亚洲国家已经成为世界的经济发展中心,为创造一个与北美自由贸易区(NAFTA)或欧盟(EU)相当的经济集团,应当把中国包括在内。美国对这方面的发展表现出了一定程度的关注,参加了亚太经济合作组织(APEC)。然而,我们应当意识到,亚洲在文化和历史上都是非常多元化的。显然,亚洲各国会继续强调自己的独有特色。我相信,从亚洲国家散发出的能量将朝着各个方向传播,而不是汇聚于一点。

同时，有人说，日本应当承担起亚洲的领导责任来，引导这股能量实现汇聚。但我相信，至少在政治舞台上，日本不应该扮演领导角色。我还相信，日本在亚洲所起到的作用，应当是充当经济动力。日本应当鼓励各国基于自己的优势发展，提倡水平方向上的经济专业化分工，将国内市场开放给亚洲产品。日本绝不能重蹈半个世纪前自称是亚洲领导者的覆辙。

日本产业的"空洞化"和无国界世界

在日本，有些人认为，国际范围内的经济专业化分工会削弱日本产业的核心。可我们都知道，在资源、技术和成本相得益彰的地方，制造业最为高效。如果产品都在最合适的地方生产，又享受自由贸易的环境，世界各地区之间就会发展出相互依存的关系，国与国之间的关系就能从对抗转为相互依存。一个国家的产业核心弱化，只是因为制造业在国际范围内转移到了更合适的地方。单就日本而言，这种转移让它的产业实现了更大的技术进步。

进一步推进这个思路，随着经济相互依存性的发展，公司成为跨国企业，世界也一步步走向了无国界。担心国家产业核心遭到削弱，这种念头来自一个过时的认识：一个国家内必须存在一套完整的工业体系——哪怕从更广阔的人文和宗教观来看，一个国家的历史和支柱微不足道。

倘若一个国家有一套完整的强势工业体系，那么，放在国际层面上看，有些环节一定是低效的。保护"跛脚鸭"代价很大，还会引发与其他国家的摩擦。这种事情一直在世界各地发生，尤其是在日本。

我以为，国家边界阻碍了自由竞争，妨害了平等经济专业分工的自然流动。国界还抑制了在世界范围内实现经济效率的进步势头。

我们应该把日本经济结构发生的变化看作削弱了国家的产业核心吗？增进全球尤其是亚洲地区的经济繁荣，能给日本带来些什么呢？

您是怎样看待未来世界日益无国界化的？如果真是这样，欧盟和北美自由贸易区的尝试能获得成功吗？它们会是无国界世界的好榜样吗？

1994年9月21日

没必要对日本经济感到悲观。对"空洞化"的担心来自谬误

◎彼得·德鲁克

日本不是"单翼"鸟而是"双翼"鸟

10年前，我最关心的一个问题就是日本过度依赖西方。当时，日本对美国的出口量，占总出口的2/5，也就是整整40%；另有10%~15%去了欧洲。这显然是过度依赖，也势必引起欧美强烈的贸易保护主义举措。

可过去10年，日本恢复了平衡。现在，它对西方的依赖下降到了不足1/3，甚至不到1/4。对美出口只占日本出口总量的不到1/5。相比之下，亚洲对日本产品的需求比美国更多。一如美国，过去10年，环太平洋贸易已经变得比环大西洋贸易更重要（这可能是美国在这段时期

取得的重大经济成就），而日本对亚洲大陆的出口几乎翻了一倍，比向太平洋对岸的美国出口还多，几乎相当于整个西方世界的贸易量。我不得不强调，这是一个巨大的成就，甚至是日本近年来取得的最大经济成就。用美国俗语来说，10年前，日本是只单翼鸟，可如今的日本是靠双翼在飞行了。

但这也意味着日本对中国的发展押下了很高的赌注。

对日本经济的悲观情绪毫无根据

这使得我对日本过去10年的成绩大为赞赏。日本本土却弥漫着悲观情绪。可站在外面看，我觉得这毫无道理。日本在亚洲的发展过程中扮演了领头羊角色，表现很好，前所未有。与此同时，日本还维持了在美国的市场地位，尽管当地的竞争日趋激烈。日本还大大强化了它在欧洲的地位，哪怕遭遇了巨大的保护主义阻力。

服务业的发展

日本国内的发展可能更加重要。日本最大的弱点是在服务业——现在仍然如此。而服务业应该是发达国家的重要发展动力。坦率地说，在现代经济最重要的发展领域——金融领域，日本却陷入了一个效率低下、受官僚机构过度控制的泥潭。官僚机构不理解现代金融，人浮于事，而且还把钱花在计算机上，妄图借此取代真正的思考。这是非常致命的倾向。美国二三十年前也是这样，但自那以后，我们学会了放弃这一套。

零售行业的了不起成就

唯一闪光的例外出现在零售行业。我以为，大荣公司、伊藤洋华堂和类似公司的业绩，是过去10年最重要的成就，不亚于任何一个发达国家。

我第一次到访日本是在差不多40年前，那时日本的零售业几乎是最薄弱的领域，几乎还停留在明治时代初期。典型的百货商店规模很大，但即便在那时，人们也很清楚，百货商店不属于"未来的浪潮"。那时候到处都是"夫妻店"，尽管效率极为低下，却履行着重要的社会职能。在一个没有失业保险的国家，这就相当于社会安全网。一方面，日本必须要建设现代零售流通系统来提高竞争力；另一方面，安全低效的零售业又是社会的必需品。

从很多方面来看，日本的经济政策（如今在西方和日本本国都遭到严厉批评）是希望让原始零售业转换为现代流通系统，同时又不引发社会动荡。三四十年前，我们都知道必须要这么做，只是没人知道怎样去做。

今天的实际情况是，靠着新兴零售商，转型完成了，而且极为成功。没人能料到，新的机制不光把属于过去的夫妻店变成了现代零售业的加盟经销商，实现了完全的计算机化、完全的自动化、完全的可控制，效率极高；同时又保留了过去的零售商，保持了它们带给日本消费者的重要便利性和高品质。我认为这是过去40年，一个国家所能取得的最了不起的社会成就。

当然，而今的最大挑战则是将这种模式扩大到其他服务领域，尤其是金融业。

金融是高科技的前沿

金融大概是当今世界最具挑战性的增长行业。它是真正的高科技前沿，不再是过去的金融产业了。它面临着全新的挑战：为日益增多的富足但算不上富人的投资者，尤其是年纪较大者提供服务；外汇管理；资产管理；为跨国业务提供融资。日本的金融机构尚未具备在这些市场开展竞争的业务能力。

例如，日本金融机构需要发展出一种能够在完全不同的零售金融市场上服务的制度。这个市场不需要投机性金融收益。它需要的是为迅速老龄化的人口提供财务安全。对此需求最为迫切的，是岁数太大、耗尽了自己一切金融资源（包括退休金在内）的群体。

这才是日本经济要面对的真正挑战，即服务行业的不足。即便在日本，这也是迄今为止经济中最重要的部分。事实上，到 2000 年，制造业雇用的员工将仅占劳动总人口的一小部分，即不超过 1/6，对比今天，它雇用的人口则占 1/3 以上。

有关"空洞化"的谬误

这就引出了日本制造业"空洞化"的问题。您问我，一个国家是否需要强大的制造业基础来维持顶尖的、强健的经济实力。答案很明确——"需要"。但维持制造业基础，不需要大规模的制造业劳动大军。

提出这个问题，是因为日本担心，把制造行业搬到国外，会削弱国家的制造业基础。"空洞化"这个说法就隐含着这种恐惧。但这种恐惧是建立在 4 点谬误之上的。事实上，把制造业搬到中国或泰国这样的地方，反而强化了日本的制造业基础。我的 4 点论据如下。

1. 生产和就业的分离

制造业生产和制造业就业本来不是一回事。政治家、经济学家、记者和广大公众都相信，制造业生产和制造业就业其实就是一回事。这种看法谬以千里。我们甚至可以说，凭借更少的制造业就业人数，制造业生产反倒可能变得更强大。

我们在农业上已经看到了这种局面。太平洋战争结束的时候，美国仍有 1/4 以上的人口在土地上劳作。今天，农业人口仅占美国劳动人口的不到 3%，可农业产量却达到了 1950 年的 7 倍。日本也一样，太平洋战争结束的时候农业人口占 60%，1950 年还略高。今天，这个数字降到了区区几个百分点，只有非常少的人是全职农民了。即便如此，日本的农业产量却几乎和当时一样。

30 年前的美国，工厂、农庄、矿场、交通行业中的制造和货物运输，占了美国近乎一半的劳动力。如今，制造和货物运输只占了劳动力的不到 1/5，其中，制造业的就业人数不超过 15%；而在三四十年前，这一数字是 35%。可美国的制造业生产发展的速度跟国民生产总值一样快，甚至还要快一些，相当于过去 15 年日本的国民生产总值。如今，制造业的产量达到了 1980 年的 2.5 倍。而自 1980 年以来，制造业蓝领工人的就业人数减少了近一半。

不是自动化

原因并不出在"自动化"上。恰恰相反，试图通过对自动化的投资来获取竞争优势的企业，几乎无一例外地丢了阵地，损失了市场份额，丧失了竞争力。最明显的例子是通用汽车公司，如今，它仍然是世界上最大的制造企业，也是迄今为止世界上最大的汽车制造商。20世纪80年代初，通用汽车公司跟现在的丰田公司一样有钱。也就是说，通用汽车公司拥有的资金超过了自身业务所需。它把这笔钱（整整300亿美元）全部投资到了工厂自动化上。结果是成本上升了，生产效率和质量下降了，通用汽车公司一步步丢掉了市场地位，不光输给了日本汽车公司，甚至输给了自己的美国竞争对手（福特和克莱斯勒等）。通用汽车公司犯下了生意场上最严重的罪过：用金钱代替了思考。

尽管丰田拥有足够的资金，但它并没有在自动化上投入太多。福特则是没钱。于是，这两家公司转而对制造业的思考做了大量的投入。它们革新了汽车行业的制造流程。结果，这两家公司（英格兰中部地区的日产汽车厂也应当包括在内）如今成了全世界效率最高、最具生产力的汽车制造商，丰田美国分厂的效率甚至比它在日本的工厂更高。丰田、福特和日产花费了大量的时间、做了很多艰苦的工作，反思自己的基本制造流程，围绕信息与团队合作（而不是围绕机器）并对其进行了改造。

制造业转型

换句话说，我们进入了对制造业进行彻底反思的过程，知识和信息正在逐渐取代蓝领的工业劳动力。制造业产量的高劳动力系数，实际上成了落伍的标志。到2000年，如果蓝领的直接劳动力成本占了制造业务的10%，甚至20%以上，那么任何厂家都不可能具有竞争力。这意味着发达国家的制造业蓝领工人不会再在总劳动力中占太大比例，不会超过如今的农业人口，同时，制造业的产量还会更高。

就这方面而言，美国已经基本上完成了转型，或是接近完成。日本绝大多数的产业则还站在转型的出发点上。可以预料的是，未来几年，日本的制造业蓝领劳动力规模会大幅萎缩，虽然减少速度不见得像美国那么快，但最终肯定会差不多。与此同时，制造业的产量会继续迅速提高。

2. 美元疲软对日本经济的影响

第二点谬误是（我知道，我在这里说的话很有些争议）美元维持低位对日本造成了伤害。

个别公司严重依赖出口美国赚取利润，如果美元对日元的汇率下降，显然会面临问题。但过去几年的经验清楚地表明，从经济实体和竞争对手的角度来看，美元疲软对日本非但没有阻碍作用，反而有所助益。尽管如今美元对日元的汇率下降到了几年前的40%（不到20年前的1/3），但日本的出口，包括对美出口，却蓬勃发展。

贸易顺差继续加大。如果美元疲软真的伤害了日本，显然就不可能出现这样的局面。

对这个明显的矛盾，我们的解释是：日本在海外支出的美元比它吸引到国内的美元要多。故此，美元汇率下降，日本反而得到了好处。

美元价值和贸易

日本是世界上最大的食品、原材料和大宗商品进口国。举个例子，现在没有任何其他主要国家像日本那样，40%的食品都需要进口，所有的石油、矿石和木材，也都需要进口。这些商品均以美元计价。和经济理论预测相反，美元下跌并没有导致大宗商品价格上涨。大宗商品价格不是保持稳定，就是略有下跌。换言之，从进口国的角度来说，美元疲软带给日本巨大的好处。而从出口国的角度来看，日本出口商品的相当大一部分，差不多半数以上，并不依赖美元的币值。它们是出口到欧洲和亚洲去的。美国如今仅占日本出口量的不到1/5。

和美国政府（及许多经济学家）的看法不同，美国显然并未受益于美元的走低。日本是大宗商品和食品的进口国，美国则是这两者的最大出口国。由于它们用美元标价，而且并未随着美元走低而价格上涨，这些出口物品反而受了疲软美元的拖累。再重复一次，个别日本公司确实因为美元疲软受了牵连，同样，也有个别美国公司从中得益。但日本整体经济并未因美元疲软而受损，甚至还可能从中受益；而美国的整体经济不光未从美元疲软中受益，而且有可能因此受损。

3. 海外投资和出口

第三点谬误是生产转移海外令出口下降。但事实上，这带来了出口的大幅增长。

日本的汽车及消费类电子产品制造商，把工厂建在印度尼西亚等低工资国家，在日本本土的工厂可能会裁员，尽管大多数企业并没有真的这么做。可它们修建在印度尼西亚的工厂，必然是交给日本建筑公司来承建的。新工厂需要安装的机器也必然来自日本的企业，也就是为本土工厂供货的同一家机器制造公司。修建新工厂的公司，不管是在本土还是海外，都要依靠原先的供货商。后者提供的机器，企业已经用了很多年，很熟悉，也信赖有加。这些也是双方多年来维系的关系。除了针织或运动鞋等轻工业，新建工厂对机械设备的投资，相当于工人 5 年的产值。换句话说，新工厂要 5 年以后才能收回固定资本。而这 5 年里，日本花在印度尼西亚工厂的钱（出口的机器、付给建筑师的工资、施工的费用，等等）是花在日本的工资的 5 倍。

仅此一点便解释了过去几年日本在世界经济里的实际表现。它还解释了 20 世纪六七十年代美国在世界经济中的表现，当时，美国将"就业岗位"出口到海外各地。那些年里，美国的贸易顺差加大而非减小。原因很简单：海外投资带来了出口。它令价值高的商品出口取代了价值低的商品出口。也就是说，在出口方面，机器制造商用高技术、高附加值的产品，取代了低技术、低附加值的成衣或玩具等产品。

在发展中国家创造新市场

此外，这些海外新工厂的产品会取代本土工厂的产品，还会重新输出到发达国家（不管是日本还是美国），这样的认识充其量能算是片面事实。首先，情况可能确实如此，就像五六年前日本消费电子产业那样，当时索尼和松下率先把工厂搬到了低工资国家。但在很短的时间内，最多 3～5 年，这些工厂就逐渐改为供应所在国市场了。它们在本国创造了新的市场，而并未取代发达国家原有的市场。

换句话说，大量证据（光是数字就够了）表明，把低薪、低附加值的制造业务迁往海外，巩固了发达国家的制造业基础，并未造成"空洞化"。

4. 低工资国家的竞争优势

最后的谬误，是低工资国家具备竞争优势。是的，低工资国家在今天可以非常迅速地提高生产力，这和高工资国家不相上下。在19世纪，甚至20世纪50年代，说低工资国家的生产力也低是基本上没错的。当时，世界各地的生产力基本上是这样的：高工资国家的生产力高，低工资国家的生产力低。接着，在二战后的一个很短时期，低工资国家获得了优势。它们学会了如何培训工人。故此，20世纪五六十年代的日本，以及10年后的韩国，有几年时间在世界经济中获得了相当大的竞争优势：劳动力工资低，生产力又跟高工资国家一样，所以可以轻松地和后者竞争，报出更低的价格。

工资竞争力的重要性降低

现在的情况不再是这样，原因很简单：工资不再是大多数制造工作的重要因素了。如果现在还跟30年前一样，工人工资占运营成本的40%，那么，工资的竞争力就非常重要，甚至往往是决定性的。然而，在像日本或美国这样的发达经济体，制造业中直接蓝领劳动力成本仍占总运营成本20%以上的情况，愈发罕见了。事实上，这种情况效率低下而且过时，急需重新设计。这一进程在美国的钢铁行业是走得最远的：迟至1970年，劳动力成本仍占运营成本的近40%，可如今，哪怕是在最古老、最没有效率的工厂，劳动力成本占运营成本的比例也低于20%。

在大部分的制造业，以及所有的新兴行业，现在的直接劳动成本占运营成本的比例都远远低于20%。其中大多数产业低于15%。一旦直接劳动力成本占运营成本的比例下降到12%，低工资的劳动力就再也没有竞争优势了。就算是低工资劳动力的生产力仍然很高，但靠降低工资来增加利润的空间仍然变小了。印度尼西亚等国到日本的货运成本占大多数产品价值的5%～7%。此外，这些国家还存在质量问题，更存在人的问题。换句话说，发展中国家已经不可能凭借低工资劳动力在世界市场上竞争了，至少，很多产品都无法指望这一点了。

美国企业的变化

事实上，在美国，越来越多的企业正在把二三十年前迁往低工资国家的业务迁回国内。直接劳动力成本在总成本中所占的份额变得太小了，根本无足轻重。就连劳动力密集型业务，如纺织和制鞋，也迁回了美国本土的工厂。由于劳动力成本降低，生产基地远离市场的理由站不住脚了。

换言之，在商人眼里，把生产搬到海外，应该主要是为了拓展海外市场，而不是为了供应国内市场。这也正是日本和美国的实际情况。

美国政治家的空头理论

事实上，在美国工会领袖和政治家中盛行的观点，即低劳动力成本的海外生产构成了美国的贸易赤字，是完全不成立的。在全美消费的制成品当中，仅有12%是进口的，只占大多数欧洲国家进口量的一半。这些进口制成品，几乎全都不是从低工资国家来的。目前看来，美国的商品贸易赤字，不是石油造成的（它占美国进口量的近一半），而是由来自日本的汽车、消费电器与来自日本和德国的各种机械工具造成的。也就是说，这些进口货品来自工资比美国还高的国家。美国的消费品只有3%来自低工资国家。其中又仅有一半是来自中国等低工资国家和地区的制成品。这些进口货品，因为全都是像运动鞋或玩具这样的消费品，所以在零售商店里随处可见。可它们在美国的经济总量中几乎没有任何分量，与美国的经济问题更是毫无关系。我可以充满信心地预测，日本的情况也一样。

一个大问题：劳动力错位

然而，的确存在一个问题：错位。一如美国，把生产迁出海外的国家，总就业率在提高。可得到新就业机会的人，却并非那些丢了原有就业机会的人。1950～1990年，劳动力从农业上的转移（也就是几乎所有国家都发生过的从农业社会到工业社会的转变，这一时期，只有英国和比利时例外），并未造成错位。此前，农业占用了总劳动力的最大部分。较之农业，大规模生产工厂里提供的新岗位，报酬更高，工作更轻松。即便是贫苦的农民，也具备大规模生产工厂所需的技能，能成为生产效率高、收入丰厚的工人。

今天这一轮转变，是从相对低技能的大规模生产转向高工程和高科技产业，后者的薪酬更加优厚（至少美国如此，日本也一样），但对技能和教育水平的要求却高得多。一般而言，就算具备高中学历（跟现在的日本工人一样），大规模生产工厂的工人也没法升级为技术专家。

更关键的是，在日本，新的岗位并不来自从前的工厂、企业和行业，因此这一轮的转型对就业安全造成了威胁。

雇主的责任

我认为，日本过去 40 年发展中赖以为本的基础原则应当保留下来。第一个原则是就业稳定，尽管未来 20 年，大多数员工实现终身就业是不太可能的。第二个原则，我认为同样重要，是公司和员工互相认同各自的利益，至少达成和谐共处。这要求雇主，尤其是大雇主给予积极的政策支持。雇主必须阐明顾虑，承担责任，积极主动地为新的就业人员提供再培训，将冗余员工安置到新岗位上。我在美国同样主张这么做。不少美国雇主接受了这些责任，这就解释了为什么过去 20 年我们的劳动力队伍发生了巨大的转变，却几乎没有引发社会动荡。我认为，在日本，雇主为就业错位承担这类责任尤为重要，因为日本对社会和谐与相互履行责任与义务有着强烈的信仰。

1994 年 11 月 10 日

发展中国家并不需要政府间援助，而需要与发达国家私营企业建立合作伙伴关系

◎彼得·德鲁克

发展援助走向失败

从日本在亚洲及世界经济发展中发挥的作用来说，我想先谈一谈我

个人的经验。我是发展援助最早的倡导者之一。事实上，20世纪40年代到50年代初，我是世界银行最初两任行长的顾问，也是第一批提出这方面建议的人。那些年，我积极参与制定发展援助政策，比如复兴战后欧洲的美国马歇尔计划。我是杜鲁门总统"第四点计划"的热情支持者，该项目让发展援助成为美国官方政策的构成部分，美国也因此成为第一个提供政府援助的国家。我同样热情地支持肯尼迪总统援助拉丁美洲的"进步联盟"计划；20世纪60年代，我为"进步联盟"做了相当多的工作。

但我的幻想彻底破灭了。我意识到，政府间援助不起作用。我们知道这是怎么一回事，政府间援助，以及世界银行（这是一个政府机构）的援助，往往会变成军事援助，被浪费在无用的武器上，美国对南美的大部分援助就是这样的。或者，它会让政府和政府官员中饱私囊。如果碰上最坏的情况，还会浪费在大而不当的政府项目上，这些国家根本不具备相关的资源或市场。世界银行的大多数援助就是这个命运。

然而，基于私营部门的发展，却能起到作用，而且也的确起到了极好的作用。过去50年发展得最快的国家，要么完全不曾得到过发展援助，如日本，要么只得到过极少的援助，如韩国，以及今天的中国。

私营部门的积极性

发展和钱无关。发展靠的是人力资源，人则靠具体的项目来培养，在这些项目里，来自发达国家的人和发展中国家的人紧密合作。如今，德国许多顶尖公司的领导者，二三十年前都曾在投资德国的美国公司里工作过，这绝非偶然。日本的大量发展，来自向日本输送技术的美国合资公司，这也绝非偶然。日本对曾经从事能力提升和个人责任工作的爱德华兹·戴明博士推崇备至，这同样绝非偶然。故此，我认为日本，以及其他任何发达国家的责任，就是鼓励私营企业积极与发展中国家合作。

如今再也没有所谓的"欠发达"国家了，只有管理不当的国家。而良好的管理，不是靠政府间援助创造的，不是光靠钱就能创造的。良好的管理，要靠榜样、靠领导、靠赋予责任来创造。而且，它最好由个别的组织来创造，这些组织能把自己在发达国家中做得好的事情照搬到发展中国家。

我知道，今天在日本这么说可能不太受欢迎。从很多方面来说，今天的日本人民对发展援助的认同，就跟30年前我们在美国一样，那时候，肯尼迪总统正宣布推行"进步联盟"项目。我只希望，再过10年，你们不会得出跟我们在美国相同的结论：政府间援助不能带来发展。它可能没有太大的危害，但也的确没有一丁点儿的好处。只有私营部门的积极性、人的领导、人的榜样、人力资源的发展，才能带来真正的发展，而这也是发达国家对发展中世界给予激励、承担责任的地方。

1994 年 11 月 10 日

管理要学会在全球、区域和地方三个层面上维持平衡

◎彼得·德鲁克

无国界的世界

从某些角度来看,世界真的变得没有国界了。资金和信息不再懂得何谓边界,而成了跨国性质。知识和技术也一样,多多少少地不再有国界,但是,与此同时,我们又看到了更强烈的区域化发展趋势。新的区域基本上都采取了贸易保护主义做派,欧盟是这样的,北美自由贸易区基本上也是这样的。此外,还有一种强烈的趋势:大型联盟解体,诞生了诸多全新的小型,甚至超级小型国家。这就是苏联的命运。如今南斯拉夫㊀发生的悲剧也是如此。未来10年左右,加拿大的魁北克省,说不定也会变成北美洲的一个独立国家。

我不用再长途旅行去为外国听众做讲演了。过去几个月,我向柏林、圣保罗、约翰内斯堡的大量听众讲了话,可并没有到德国、巴西或南非去。我通过视频会议和卫星通信系统跟他们对话。当今世界的每一家企业都需要有关全球经济的信息。只不过,到目前为止,还很少有企业能掌握到足够的信息,只有少数日本大型贸易企业是例外。

本土化

与此同时,你不得不越来越多地在专家聚集的地方开展研究,这也

㊀ 现在已经解体。

是事实。如果你想做兽医研究，你就得到法国去，因为法国有这个领域最优秀的专家。他们不愿意搬到日本筑波或者美国，他们就愿意待在法国。许多日本电脑制造商买下了硅谷公司的少量股份，以便获取专业知识。同样道理，硅谷人大多不愿搬到筑波去。有两家大型日本企业在美国食品零售行业成了巨头。山崎面包在美国拥有并经营着好些家成功的面包店，伊藤洋华堂则拥有并经营着美国的 7-11 便利店。但山崎拥有的美国面包店，是按照美国企业的经营模式来运作的，它们专门针对美国人的口味烘焙面包；伊藤洋华堂旗下的 7-11 便利店，也像美国商店那么经营。

欧盟和北美自由贸易区

不管是欧盟还是北美自由贸易区，都不曾建立"无国界"的区域。诚然，欧洲的商品和人如今可以轻松流动，但其便利程度，也并未超过 1914 年之前。资本流动仍然相当有限。欧洲真正实现了"欧洲化"的企业，只有两种：一是来自瑞士或荷兰等小国家的企业，也就是那些 100 多年来一直都"欧洲化"的公司；二是来自欧洲以外的公司，尤其是驻欧的美国公司，以及越来越多的日本公司。

欧洲企业母国化的色彩越来越浓，而非越来越淡。欧洲的大银行正试图与本国的小银行合并，成为本国的主导银行。迄今为止，这些大银行里没有一家打算变成真正的"欧洲"银行。大多数制造企业也是一样。

全球化的高层管理人员

今天，为了在世界各地做生意，哪怕是在本国的国境之内，也需要有"全球化思维"，任何跨越国境线开展的业务，都需要做出根本上的改变：建立跨国的高级管理层，管理人员来自不同的国家，有着不同的背景和不同的经验，组成团队开展合作。这方面的例子已经有一些了。雀巢就是其中一例，这是一家总部设在瑞士的加工食品公司。雀巢的高级管理队伍来自6个不同的国家。美国的可口可乐和其他食品加工企业、金融领域的花旗银行，也都是这样。不过，到目前为止，这些企业仍属于少数。很明显，建立这样的管理层是一项重大任务，非常艰巨。只要看看索尼和松下这两家日本大型消费电子公司，跟它们的美国"软件"下属企业（好莱坞的电影和节目制作公司）之间的纠结关系，就知道这有多么困难了。就算在完全不存在文化差异的地方，建立跨国管理层也不是件轻松的事情。如今，有一家公司拥有了一支真正的"欧洲"管理队伍，那就是（美国）福特汽车公司的欧洲分公司。美国人、英国人、德国人、意大利人和法国人在同一支高层管理团队中工作。为了建立这支团队，福特汽车公司辛苦努力了整整20年。

当今世界的区域经济一体化

欧盟和北美贸易区都不算很好的榜样。在我看来，这两者都不是"无国界"的，而其他区域板块也必定会确立自己的规矩、原则和整合方式。拉丁美洲正出现的区域整合本应相当简单才对。毕竟，南方共同市场（Mercosur，让阿根廷、巴西、巴拉圭和乌拉圭走向"无国界"化的区域经济体）有着很多的文化共性。可即便如此，巴西人、阿根廷人和巴拉圭人发现，除了商品交换，要跳出自己的国境线极为困难。和欧盟及北美自由贸易区的所属国一样，这几个国家都保留着自己的法律、金融法规和税收制度。换句话说，这是自由贸易区，并非经济共同体。我在前面说过，1914年前的世界，经济共同体是常态。举例来说，整个大英帝国的疆域内都是没有关税的。

亚洲的区域整合

最重要的新兴区域无法仿效其他地方的例子。它们都在亚洲境内，没人知道明天的亚洲会出现多少个区域。中国沿海地区本身就足够大，足够独特，可以构成一个区域了。东南亚和东盟国家一起，也足够单独构成一个区域；但和中国沿海地区不同，它们在文化、社会和政治上非常多元化，一半的国家秉承儒家传统，另一半的国家则信奉伊斯兰教。日本跟这两个地区的关系会有什么样的走向，仍在摸索当中，没人猜得到。

全球化、区域化和本地化

换句话说，管理人员必须要逐渐学会在这三个层面上进行运营，并在三者间追求平衡。他们必须要学习在世界经济中运营。他们自己的市场可能是纯粹本地化的，但竞争对手却来自世界各地。很多时候，他们必须学会区域化运营，而地区与地区之间又必定迥然有别。较之从前，市场在很多方面，如要求、口味、偏好、购买习惯等会变得更本地化。我想，这是管理层面临的最大挑战之一，尤其是大企业（制造企业、银行、零售商，或许再加上大学）的管理层。这里的关键很可能是掌握建设管理团队的能力，整个团队要超越国界，为了公司和员工的福祉，为了客户的满意而奋斗。这很可能是我们未来25年面临的最大管理挑战。

企业高管面临的挑战

亲爱的中内功先生，我希望上面的内容已经解答了您的问题。我也希望自己提出了新的问题。但我知道，您的问题哪一个都无法得到真正的解答。这些问题之所以这么重要，这么具有挑战性，因为它们关注的恰好是我们未来10年所面临的挑战。我可以尝试着作答，但真正的答案，要由商界领袖、企业高管，尤其是你我这些发达国家的商界领袖和企业高管来给出。我只希望，我的回答能激发足够多的企业高管想清楚自己扮演的角色，自己未来面临的机遇，以及该采取什么样的策略。

我这些所谓的回答，其实是想向日本的企业高管请教：这些事情对你们来说意味着什么？它们带给了你们什么样的机会？它们赋予了你们什么样的责任？

1994年11月10日

知识在不断变化的产业结构中扮演着重要角色
◎ 中内功

"空洞化"和产业结构的变化

您提到，日本企业高管应当承担的一个责任是解决所谓的产业"空洞化"。听到您说对"空洞化"的担忧来自误解，我甚感欣慰。

尽管改变日本产业结构是我国最为紧迫的任务，但哪怕是产业界人士，也并未恰当地理解这一改变的必要性。我相信，您在回信中所做出的清晰解释，一定能说服许多日本人。您强烈反对"制造业扩大海外生产意味着削弱本国产业基础"的观点，并认为，把生产力低下的制造业务转移到海外，反而强化了发达国家的制造业。

业务重组

在提到美国和日本的汽车制造商福特、丰田和日产时，您指出，这些企业的经验向我们说明，制造业的成功来自基本的业务重组，将工厂里的体力劳动者转换成知识和信息的源头，而不是往工厂生产自动化里投入巨额资金。

从我的经验来看，这种业务的重新设计同样适用于非制造业，尤其是零售行业，同样有效。

日本零售行业的现代化已经进行了20多年，通过特许经营的方式，将效率低下的家族生意转换成现代连锁便利店。这种根本性的重新设计造福了消费者，它一方面保留了大量小型的零售渠道；另一方面又通过现代化提高了生产力，且不必投入庞大的资金。这里，我应当指出，特许经营的概念，其实是从美国借鉴而来的。

便利连锁店

附属于大荣公司的劳森便利连锁店，第一家分店于1975年开业。

随后的20年里，我们建立了5000多个网点。今天，便利店成了所有日本人（无论男女老少）生活中不可缺少的一部分。依靠计算机化的收款机系统，便利店冲上了日本零售行业的领先地位。出于这个原因，人们常说，计算机技术让便利店网络实现了现代化。但从我的经验来看，特许经营这种方法本身，以及它带来的丰富相关信息，有着更为重要的意义。

特许经营的概念如下。首先，要尽可能避免重复劳动，每个元素都很重要：店面设计、货架布局，为采购和送货等活动建立物流系统，为门店管理及兼职员工制定规章，为零售店和制造商汇总销售数据；其次，店主必须保持独立性，对管理自己的生意感到满意；最后，极为重要的一点是，确保店面位置能为消费者带去最大的方便，提供多样化的产品。这种特许经营的概念是零售店从家族买卖变成现代便利店背后的驱动力。计算机和收款机系统固然重要，也无非是工具而已。较之使用各种管理工具，概念化和人的决策始终重要得多。

特许经营系统不光适合便利店和其他零售渠道，也适用于餐饮行业。在大荣，我们把特许经营系统应用到比便利店营业面积稍大的折扣店以及出售汉堡或当地特色小吃的快餐店上。

故此，知识是改变日本产业结构的关键。毫无疑问，一如您多年来的建议，日本必须努力变成知识型社会。

支持人力资源开发

您在回答我"日本对亚洲和其他发展中国家应当扮演什么角色"的

问题时，略微谈及了这一点。您认为，日本和其他工业化国家扮演的角色，是提供私营部门的动力和领导，在人力资源发展方面树立榜样、给予支持，归结起来，这些都可谓是知识的交流。以我之见，一切都要从全球层面的知识交流着手。

区域主义的问题

眼下，我们目睹了区域主义在世界许多地方冒出头来。尽管欧盟和北美自由贸易区强烈表示自己与此无关，但外人必定会怀疑这是封闭型经济圈的苗头。在这一点上，我完全同意您的看法。所谓"区域主义的崛起与经济集团存在直接的关系"，很可能是一派胡言。区域主义的支持者认为，若是在指定区域内实现贸易自由化，那么这种趋势随后也会扩散至全球。对此我可以理解。

可时机是个很大的问题：当我们在指定区域内推进贸易自由化时，说不定在预期的溢出效应带来好处之前，该区域之外地区的经济发展步伐已经放缓了。欧盟的前身是1957年组建的欧洲经济共同体。自此以后，人们用了30多年时间才签订了《马斯特里赫特条约》，欧盟正式成立。1957年，日本正准备进入战后经济快速增长期。那时候，没人能预见到：日本成为世界经济舞台上的顶尖选手，石油危机强迫世界接受了"基本的自然资源十分稀缺"的现实，以及柏林墙垮了，苏联解体了——如您在《管理新现实》㊀一书中所预测的。同样道理，人不可能毫无保留地接受这个观点：区域主义会成为未来全球经济的规则。世

㊀ 本书已由机械工业出版社出版。

界正面临着全球性的环境问题，远远不止是自然资源稀缺问题，还包括一些有可能影响人类未来的威胁。我们没有时间可以浪费。

日本获得了一个在全球范围内举足轻重的角色。一些慷慨的国家与矿产资源贫乏的日本分享资源，帮助日本走向繁荣。考虑到全球环境问题的严重性，我坚信，我们必须将日本承担的责任全力以赴地推进下去。我们要从全球的角度研究有效利用资源的途径。经济自由化必须在全球而非区域集团的层面上展开。而通过经济自由化进程，我们必须找到最有效的生产方法，用全球化视野为产业和公司选择最佳地理位置。我们必须意识到，这不是政府该做的事，因为政府主要是在国界之内履行职责。这是私营企业的职责。

我相信，日本企业家应当愈发意识到自己在这方面的责任。不光要在全球寻找廉价土地和廉价劳动力，更应当坚定地承诺投入当地社区，按照当地的要求展开经营，毫无保留地传授管理知识和技巧，培养潜在人力资源，为全球发展做贡献。我决定到中国投资，就是从这些想法出发的。全球化思考、本地化行动的概念，需要世界各地都有人出力推广。

就业的责任

您还提到，培养人力资源是企业高管的重要责任，但日本企业界在"衰退"这个词面前瑟瑟发抖，早就遗忘了这一事实。

有人说，未来，日本企业不再需要不熟悉计算机的工人，因为简单的工作可以交给海外的廉价劳动力完成。这种说法有一定的道理。计算机在商业活动中的重要性，早已广为人们所接受。从美国和欧洲蔓延到日本的信息革命，推动了亚洲的信息技术进步。可以说，从商务工具的角度讲，多媒体的重要性只会一步步继续强化。可站在企业家的角度，我不同意这种说法，因为它完全忽略了人力资源的重要性。可悲的是，今天支持这一论点的企业管理者和学者，几年前也曾支持日本式的管理方法以及这种管理方法对人力资源的侧重。我认为忽视问题的这个方面是相当错误的。

为了抵御世界经济的兴衰起伏，日本私营企业必须努力提高生产力。劳动力市场要提高流动性，终身雇用制度和年功序列工资制也必须进行改革。出于这个目的，我们必须采取措施提高就业灵活性，将制造业与服务业、城市与农村、年轻人与老人之间的劳动力失调控制在最低限度。

正如您指出的，改善的关键在于企业是否有能力采用无国界视角，组建起一支完全为企业及员工利益着想，为客户满意考虑的管理团队。值此关键时刻，日本经济也来到了一个重要的转折点。抹杀员工过去为企业所做的贡献，这么做对负责任的管理者来说是不可接受的。诚然，我们也需要审视员工的自我责任。如今，与以往任何时候相比，让员工自己判断需要什么技能来为公司、社会、世界做贡献，显得愈发重要。

不管怎么说，不可能让员工承担所有责任。您在《生态远景》一书中写过一篇文章，名叫"是否存在商业伦理"，清楚地阐明了传统儒家思想中互尽责任的概念。我相信，一些管理者已经意识到自己对员工负有责任，他们现在必须力求实现双方的认可，让所有员工根据对自身责任的理解，尽其所能地施展所长。

教育的重要性

这需要从根本上重新评估当下以终身雇用制为基础的招聘和培训实践。遗憾的是，正如您在《生态远景》中"艺术视角下的日本"一文所指出的，日本教育的宗旨就是让学生进入名牌大学，以便随后进入名牌企业。这样的教育体系无法为日本的未来培养出必要的人力资源。

身为全国教育改革委员会的成员，我经常呼吁要强调个性。我相信，今天的教育必须以这个概念为核心。有人主张对大学课程进行进一步专业化细分，注重实用性以立刻获得效用。这些人往往把个性化过分简单地跟获得专业技能联系在一起。尽管在某些程度上的确如此，但有一点我们必须要明白：在迅速变化的社会里，这类知识很快就会失去实用价值。从这个意义上说，追求终身学习、毕业后学习的过程才是最重要的。

大学应当成为学生思考个人未来目标，掌握必要技能为社会做贡献的地方。大学的角色不应当仅限于实用教育和商业化教育。我们必须牢记一点：哪怕在完成了正规教育之后，人也需要继续进行上述思考。这就意味着，学校应该是自我发展的地方，而不仅仅是学习的地方。尤其是日本的大学，更应当强调自我发展的方面。校外课程、再教育系统和其他项目都可帮助年轻人做好准备，应对未来经济和社会的变化。

同样，私营企业不应当把大学看成员工的来源，而应当把它主动用作职工再教育的场所。知识的交流再一次表现出了它的重要性。企业可为大学提供有关世界经济的最新信息，而大学反过来则把这些信息用于研究潜在趋势的持久影响因素和走向。我相信，这类频繁的互动互助至关重要。

为了将这些概念付诸实践，我创办了营销及流通大学。这所大学的目标是把实用的商业教育与先进的研究成果结合起来，促进私营企业和大学之间的知识交流。

我认为，私营企业通过这种方式积极地为职工再教育系统的发展做出贡献，这非常重要，反过来，它将逐渐改革日本的整个教育体系。

发展个人优势

正如您最近在东京的研讨会上所说，发展个人优势，是我们每一个人的责任。您还认为，这也是公司高管进行企业重组和人员削减时的责任。听了您的讲演，我意识到，为了迎接知识社会的到来，帮助员工努力优化个人强项，是企业的责任。这能让企业具备为社会福祉而贡献的能力，同时，又把企业转化成了有着强烈意愿自我进步的个体的集合。随着全球经济联系日益密切，日本企业必须逐步培养起全球化的思考方式，开展更为本地化的运作。海外和国内人力资源发展将变得同等重要。企业高管必须具备全球性的责任感。

德鲁克教授，您措辞犀利的来信鼓励我要重新评估知识型社会中企业高管的责任，这跟只顾着往内看的日本管理者截然不同，后者在这场持久的经济衰退期间，一心只想着寻求裁员的最佳办法。

1994 年 12 月 7 日

第3章 | CHAPTER 3

"知识型社会"带来的挑战

当前的教育制度无法为"知识型社会"培养人才

◎ 中内功

我想再向您请教一些问题,好让我和其他日本企业管理者重新评估自身责任的重要性。

毫无疑问,在日本向知识社会的转型过程中,教育具有十分重要的意义。然而,当前的教育制度一味强调死记硬背知识点,如记住化学反应的结果,却不去想一想化学反应的过程或实验。显然,这样的教育制度无法培养出知识型社会所需要的充满创造力和自我责任感的人力资源。这套屡受怀疑却仍延续至今的教育制度,必须加以改革。我想听您谈一谈,在您看来,知识型社会下"受过教育的人"应该是什么样子的。您的意见对日本教育改革会很有价值。

1994 年 12 月 7 日

日本的教育体系本身并没有错。日本有自己的一套创造力和独创性形式

◎彼得·德鲁克

请恕我冒昧,因为我一开始就想说,我总是很难理解您对日本教育制度的批评。诚然,日本的教育体制是有一些严重的问题,但就我所见,它们都不是教育体制本身的错。这些问题来自教育体制之外,而且,主要是来自过去三四十年社会尚未调整适应的时候。

多年来,我一直听人说日本的教育制度只强调循规蹈矩,扼杀独创性和创造力,它只能培养不会做决定、没有创造力、不会自己思考的"组织人"。可我亲爱的中内功先生,事实并不支持这些论调。事实上,在像我这样的局外人眼里,数百年来,日本的特点就是涌现出了大量的独创性和创造力。

日本艺术的个性

您知道,我喜欢日本艺术已经有60多年了。它最吸引我、最让我着迷的一点是:日本艺术家表现出了丰富的个性。您要是看看西方艺术就会知道,任何一个时代,总有一种普遍的风格、一种主流的审美观。但日本艺术自从室町时代之初就不是这样的。同一时期总会有好几种(有时甚至达六七种)不同的审美观和不同的风格并存,好些艺术家还同时运用多种风格、多种审美观来进行创作。可是,年轻的艺术家还是会从学校里开始学习,花上10~15年才能成为大师。等他们到了40

岁,他们的技艺便开花结果,展现出自己独到鲜明的个性。一如此刻,我正在自己的书房里口授这封信,欣赏着生活在同一时代下、师从同一位师傅的三位不同艺术家绘制的三幅画作。每一幅画都完全不同。只看一眼就能分辨出不同的画家。事实上,我相信,江户时代后期文人发起的这场伟大的智力和艺术运动,其核心哲学造就了现代日本。他们的信条是,让每一个圈子、每一个工作室里的每一名艺术家,都将自己的天赋和能力发挥到极致,而他们,也以一种与西方完全不同的方式获得了成功。

日本的公司和大学里的个性

时至今日,情况基本上仍然是这样的。我不想假装说自己搞得懂这是怎么一回事,但它确实是事实。日本公司里总有许多面目模糊、籍籍无名的"组织人",他们事业生涯的前25年都是小字辈,是下属。紧接着,到了45岁左右,他们被委以重任。突然之间,他们摇身一变,成了有自己政策、自己风格、自己策略的个体,跟世界上其他任何国家的管理者都一样。日本大学里也是这样。日本大学对待年轻学者的方式,总是叫我们西方人大感震惊。前20多年,大学把这些年轻人都当成小字辈,而不是同事。大学不鼓励他们从事自己的研究,事实上,要是他们真这么做的话,前途可就危险了。等到了45岁,他们终于得到了完整的教职。转眼间,他们中的许多人就成了独立的个体,成了各自学科的带头人,极具独创性。请不要让我来解释这是为什么。我知道,这一套在西方行不通,但在日本,它很管用。所以,我并不认同我在日本频频听到的那种批评：日本的学校制度造就了墨守成规的人，破坏了人的个性、独创性和主动性。

深入日本学校内部的体验

我自己在日本学校内部的体验与这些批评完全不同。多年来，我参观过不少的小学。我朋友的小孩子们，八九岁或者十岁，邀请我去他们的学校参观，有些学校在东京，有些在京都，有些在福冈。这些都是普通的社区小学，并不是特别高级的那种，但课堂上的温馨，老师和学生之间的相互尊重，还有学校整体的欢乐和自由气氛，给我留下了深刻的印象。那些班级都很活跃。孩子们有纪律，但并不墨守成规。我也去过不少高中，一样是受老师或者学生邀请去的。我发现高中生也具备跟小学生一样的精神。师生之间的关系极为温馨，让我印象很深。好些年来，我们会在日本乡下爬几个星期的山，一般有我们的两个孩子陪同。每一次，我们在山脚下小镇的营地过夜，总会碰上某个班级在远足，而他们也无一例外地邀我们加入。同样，师生之间的关系，同学们彼此的温暖友谊、相互尊重，还有那种自发自觉的精神，都叫我深感震动。就我而言，我在日本常常听到的批评，说你们的学校只会培养墨守成规的人，压抑个性和创造力，跟我自己的体验和感受很不一样。

学生之间的竞争

我承认，教育体制确实存在很大的问题。日本学校里孩子们迎接"考试地狱"的压力是非常不健康的。我想人人都同意这一点。最叫我困扰的倒不是考试剥夺了孩子们的童年（虽说它确实剥夺了孩子们的童年）。真正叫我困扰的地方是，它让孩子们彼此之间针锋相对起来。几年前我碰到一件深感惊讶的事：朋友14岁的孩子兴高采烈地告诉我，他最好的朋友生了重病，所以在高中入学考试时，他不会成为自己的竞争对手。在西方，我们不允许孩子们产生这样的态度。尤其是在美国，我们主张学校里的年轻人应该认为彼此是队友。事实上，我们比较好一些的学校很注重学生之间的互相支持，就像日本大企业对年轻员工的要求一样，得具有团队精神。

引领大学和职业生涯进入第一梯队

同样严重的是，至少从我这个外国观察者的角度来看，现行教育制度浪费了日本人力资源总产量的极大一部分。它把职业生涯，尤其是进入第一梯队（政府、顶尖大学和大企业）的职业生涯，牢牢限制在了少数几所精英大学毕业生的范围里。我承认（尽管我并不完全相信），这几所大学可能吸引了数量最多、最优秀、最能干的年轻人。我们对人类发展的认识，并不赞同以下的假设：所有年轻人都以相同的速度和节奏发展，十七八岁时的表现是其未来能力和潜力的可靠指标。就算这些精英大学录取了很大比例最聪明、最能干的年轻人，就算有50%吧，这仍意味着全日本至少还有一半同样能干、有潜力的年轻人无法跻身顶尖的职业生涯。当今任何国家都承受不了这样巨大的浪费。我们需要一种制度，能尽可能地找出全国最能干、最有潜力的人才，让他们从事富有成效的工作，为社会做贡献。

教育中的财阀主义

日本的教育制度越来越不再根据人的能力和潜力进行奖励了。它只奖励有钱的人。进入精英大学，需要一个家庭有钱让孩子上得起补习班，需要一个家庭足够富裕，能给孩子单独的书房学习。考虑到日本人通常住着很小的公寓，这意味着工人阶层的孩子，甚至中低收入阶层的孩子，不管多么能干，也很难负担得起精英教育了。这不是精英主义，这是财阀主义。这让我感到极为困扰。

二战前的大学

但所有这一切，绝对不是你们教育系统的错。原因在于我们尚未适应过去50年来的变化，日本以外的地方同样如此。如果回到我还是个高中生、正打算上大学的那个年代，在欧洲的任何一个国家，任何读完了高中的人都能上大学，随便哪一所都行。不仅日本是这样，全世界都如此。1927年，我在奥地利高中毕业我不需要向大学提出就读申请，带着毕业证去报到就行了。尽管我的高中文凭是奥地利颁发的，但我可以到欧洲的任何一所大学去报到。事实上，我本来打算去牛津大学，只是后来改了主意，决定去德国的汉堡大学。我也可以去瑞典、意大利、西班牙或者法国。

美国也是一样。1937年，我刚来美国，很快就熟悉了普林斯顿大学。早在那时候它就是一所著名的大学，但如果你有高中文凭，你就能入学。事实上，每年大学9月开学的时候，总会出现几个完全不曾提出过申请的年轻人。他们拿出高中毕业证，然后就被录取了。日本的情况也差不多。日本著名大学里的就读名额，比学生的人数要多。所以，如果你在高中做过什么体面的职位，且你出得起学费，那么，你就可以去你自己或者父母选中的任何一所大学就读。

大学入学人数的爆炸性增长

可二战之后，大学入学人数呈爆炸性增长，逼得我们采用了严苛的入学程序。在欧洲大陆，具有高中文凭的人仍然可以自动升入大学，但不能再随心所欲想上哪所大学就上哪所了。如果你是从奥地利高中毕业的，就只能上奥地利的大学。你没法再像我 68 年前一样，去德国的汉堡上大学。你们日本也面临相同的压力，但因为你们继承了战前时代的惯例，即雇主与个别大学之间有着紧密的关系，如今这种限制带来了更大的压力。正是因为存在这样的压力，才有了形形色色的补习学校，才有了可怕的"考试地狱"，同时也扭曲了整个教育制度。上学的目的不再是学习，而是要走上职业生涯，这不符合教育与人才发展的最初用意。

这种方法让国家损失了人才和能力。从统计规律来看，一小群擅长正规考试的年轻人，不可能就囊括全国所有最能干的年轻人，充其量只包括一小部分而已。故此，升学压力体制耗费了国家的元气。

"考试地狱"和创新欲望

这一系统，以及伴随而来逼使青少年上考试补习班的巨大压力，会给日本造成巨大的损害，还有另一个原因。如果对成功的创新家做个研究，尤其是在信息技术、遗传学、材料科学和物理等全新领域，以及在音乐、数学或金融领域，我们会发现，这些人往往是在十二三岁，最迟不超过14岁时，对相关领域产生兴趣的。随后，他们对自己的专业感到迷恋，再接着又成了业余爱好者。他们花费无尽的时间做实验、阅读、构建模型，等等。这些年轻人大部分都是好学生，在学校外面沉迷于超出课程范畴的科学或技术领域，可他们极少是纯粹的尖子生。他们的主要兴趣在学校外面。等这些人长到20岁出头的时候，多年来的爱好就成了他们的主要事业。

限制了企业家精神

日本现行的教育体制让年轻人除了备考之外没有时间做任何事。它把学校的课业强加在青少年头上，而学校的课业，按照定义来看，是针对昨天的、我们已经知道的知识，而把实验、好奇心和玩耍一概排斥在外。

我倒不是说，大多数的美国年轻人真能把我们的学校制度留给他们的时间花在有益处的个人兴趣上。恰恰相反，大多数人肯定把自由时间给浪费掉了。以我自己为例，少年时代，我曾浪费了无尽的时间写非常蹩脚的诗歌。过去30年的成功创新家（不光是计算机设计或软件领域，也包括大部分科学和技术领域）都回忆说，自己的兴趣始于初中或高中，几乎无一例外。一如我稍后要讨论的，我们可以在现有的组织内构建创新。但我们没法把创业精神注入组织。创业精神是一件属于个人的事。举例来说，你显然没办法从组织所做的事情中获得创新的欲望和能力,你只能靠内在的动力。可日本当前的社会(不是学校)氛围恰恰妨碍了这一点。如果你沉迷于学校外面的个人兴趣,就很可能通不过学校课业的考试,于是上不了一流的大学,最终也就从事不了一流的职业。如果你屈从于这个压力,升入了一流的大学,从事了一流的职业,可你的创新动力说不定也随之毁灭。我们的证据有力地表明,这种动力必须在青少年时期得到培养和鼓励,这样,年轻人在5~10年后才能变得具有创造力。

改善当前局面

我认为,要改变这套体制,或者至少缓解它,消除它带来的最恶劣的后果,是相当容易的。日本的大型组织,包括企业和政府,应当从25所大学里招募新人,而不是像现在这样只从三四所大学里招聘。接下来,如果这些组织在职业发展和晋升上对所有的人都一视同仁,不管他们来自哪所大学,那么,我相信,你们体制带来的最坏影响,比如"考试地狱"、补习学校、学生因为没能进入东京大学或庆应义塾大学、在18岁的年纪深深自责、陷入了一辈子的自卑等可怕的心灵创伤,几年内就会消失。请允许我再说一次,我说的并不是教育制度存在缺陷;这是社会存在的缺陷。它并非人们故意设计出来的结果。它是意外带来的结果——战后大学就读人数的激增,尚未在就业制度上反映出来。现行就业制度的基础仍然是75年前的情况,而非如今的现实情况。

其他大多数发达国家的教育制度中其实也存在非常类似的问题,只不过日本体现得最为明显。原因很简单:其他国家的大学和用人单位之间不存在这么紧密的联系。从许多方面来看，这本来是日本大学制度和日本社会的一大优势，只不过，它把非常多（甚至可以说是绝大多数）能干、有潜力的年轻人排斥在了顶尖职业生涯之外。它有违生产力的发展规律，急待改变。

日本人的创造力和独创性

让我再说一遍：这是外界强加给日本教育制度的东西，而非教育制度自身存在不足。我相信，日本的教育制度和世界各地的教育制度一样，确实存在许多不足。但我对最常听到的抱怨，也就是它造就墨守成规者、扼杀创造力和独创性，并不认同。每当我考察最终结果，也就是日本社会和经济，还有艺术领域（建筑、文学、雕版印刷、音乐、戏剧、陶瓷等）的成绩，我看到不亚于任何其他国家的创造力与独创性。也许这些成绩和教育制度毫无关系，但在我看来，这些毫无疑问都是教育制度带来的结果。

1994年12月20日

在知识型社会中，不断学习是关键。智慧一直是"受过良好教育"的含义

◎彼得·德鲁克

计算机和教育

现在让我转过头来谈一谈明天我们需要什么样的学校和教育。毫无疑

问，未来的学校必然和过去的学校迥然有别，也跟现在的学校大不一样。

您正确地指出，计算机只是一种工具，只不过，这种工具对用户有着很大的影响。新工具能让我们以新的方式去做旧的事情，在这一点上，计算机和从前的工具完全一样。新工具还让我们能够完成从前做不到的新事情。19世纪有一位大生物学家指出，工具是人类个性的延伸。它是有目的、有方向的人造演进。出现了新的工具，意味着工具的用户变得跟前人不同了。对于新的信息技术，这千真万确。新的信息技术最有可能造成巨大影响的地方，恐怕就是学校了。

原因之一在于，计算机对儿童友好得出奇。只要看看9岁的小孩玩计算机，我们就能意识到，计算机对孩子的反应方式，完全不同于以前的工具。它有着无限的耐心。它完全根据用户的速度和节奏来调整自己。它从不会说"你笨死了"。实际上它很好玩。

学与教分离

首先，计算机可以让我们把学和教分开。在典型的学校，老师的大部分时间并不是用在教课上，而是用来监督学生学习——不管学习的内容是日语假名、乘法还是历史数据。计算机能以廉价得多的方式把这件事做得更好。计算机能把老师从监督工作中解放出来，针对人的个体优势进行教育。到目前为止，每当我们把计算机带进学校，整个氛围就会随之一变。孩子们渴望学习，而且还渴望学习比学校通常准备教授的更多的知识。老师们突然发现自己能够针对每一名学生的项目和优势因材施教了。

计算机和学校转型

换言之，技术将改造明天的学校，改造面貌之大，甚至远超明天的企业。

西方学校最近一次大转型，来自300年前的印刷书籍。日本在江户时代初期接受了印刷书籍。之后，日本社会在德川幕府时代起飞，创造了世界上最伟大、最独特的文明之一。

计算机必然会给学校和学习带来巨大的变化，就像三四百年前的印刷书籍一样。明天的学校不再是传统的劳动密集型产业，而将成为技术密集型产业。

需要进行持续教育

另一个可以预见但完全不同的变化是，学校与学习的新焦点正浮现出来：为已经接受教育的人提供持续教育。这正是因为知识成为现代经济的核心资源，持续学习变得至关重要。从定义来看，知识每隔几年就会过时，届时知识工人便要回到学校。他们可能是商店经理、零售采购等类似那些参加您营销大学的人，也可能是医生或者工程师，但每隔几年，他们必须更新、升级自己的知识。要不然，他们就可能遭到淘汰。这会给大学和学校带去巨大的冲击。它强迫我们接受这样的事实：在知识型社会中，学习是终身进行的，并不随着毕业而结束。事实上，毕业之后才是学习的开始。它还会给用人机构带来巨大的影响。

实际上，这些仍是体系之内的变化，而不是体系本身的变化。

怎样才算是受过良好教育的人

您之前问:"怎样才算是受过良好教育的人?"这个问题和学习的意义、教育的意义以及教育体制的本质直接相关。

但我恐怕无法回答这个问题。这是我们未来100年要迎接的挑战。在某种程度上,我非常希望我们能够维持与传统、与过去之间的联系,这一点隐含在"受过良好教育的人"的传统定义中。日本的定义来自江户时代中期的文人,西方的定义则来自欧洲17世纪的伟大教育家。这些定义至今仍奠定了你我接受教育的基础。但我认为光有这些定义还不够,因为它们假设学习是有尽头的。它们假设受过良好教育的人,就是年轻的时候去学习,工作以后就不必再学习了。我想,我们现在应该在定义里融入明治时代一位伟人确立的概念。福泽谕吉是19世纪最重要的人物之一,他坚定地相信并宣传:受过良好教育的人,能够并渴望着持续学习。随着越来越多的年轻人成为专业人士,至少在自己职业生涯的初期是专业人士,持续学习变得尤为重要。

年轻人不知道怎样把自己的知识联系起来

专业人士掌握着丰富的知识,但不一定必然受过良好教育。受过良好教育的人,能够把某个专业的具体知识,与全部的知识,与人类经验联系起来。要让我说的话,如今的年轻人还做不到这一点。您知道,我给许多相当成功的资深管理者上过课,他们来自企业、政府或各种非营利组织,有男有女,一般40岁出头或者再长几岁,能在大组织里获得重要的管理职位。他们懂得很多,但却不知道自己懂。比方说,他们没法把自己掌握的经济学知识跟本职工作联系起来。他们也没法把自己对本职工作的了解，与任何其他领域的知识联系起来。他们不知道怎样去联系。不管是我在美国、在欧洲的学生，还是在日本的学生，都是一样。这些高管大多是极具才华的人。他们所在的组织送他们来参加我们的高级管理者培训项目，是因为他们都是些非常有前途的管理者。他们有着优秀的教育背景，有 10 年或者 15 年的成功实践经历，但他们却很难把自己的经验，跟班级里其他同学讲述的经验联系起来。他们发现，很难把自己学到的知识，比如心理学知识，跟自己的人事管理工作联系起来。

知识和人力开发

这些人都懂得很多东西，但之所以说他们不算受过良好的教育，是因为他们不能把这些知识通过自己的工作、发展或个性反映出来。故此，我认为，这对于我们下一代的教育领袖来说是一个巨大的挑战。没有融会贯通的能力，我们只能得到一大群拥有专业技能的人，仅此而已。我们面临的挑战是让知识重新成为人力开发的一种途径。我们面临的挑战是让知识超越工具，重新让教育成为通往智慧的道路。我在自己的课堂上试着带领学生们朝这个方向努力；这也是我到了这把年纪还在执教的原因之一。就算我能取得成功（对此我深表怀疑），我也不知道如何把它教会其他人，更不知道如何把它转换成一套体系、一套课程、一套组织完备的教育活动。而这在某种程度上，才是"受过良好教育的人"一贯的含义。这是"人文科目"一贯以来的含义。事实上，这是教育（有别于知识性技能）一贯以来的含义，也是它未来所必须具备的含义。

1994 年 12 月 20 日

现在我对能够创新的年轻人怀抱希望

◎ 中内功

对日本人的创造力感到悲观

我想我没什么资格讨论美术方面的创造力，但我个人觉得，日本的年轻人和掌权者都不曾表现出个性。

过去，大部分日本人来自农村社区，一辈子都过着简单、节俭的生活。在这样的民族里，人很难在行为中表现出独特的个性。我们甚至可以说，过去，掌权者鼓励了这样的国民特质。即便在当今的社会，企业、家长和孩童们仍然以另一种方式延续了对"一致性"的强调和喜爱。这就带来了恶果："考试地狱"成为推动学生进入知名公司，并以在公司中获得晋升为目标的教学方法。

日本人民是否能意识到这套体制的愚蠢，我不太乐观。很难相信大多数人能意识到，我们能够开发出潜藏在日本社会中的创造力与独创性，实现一些独特的成就并从中获益。

缺乏自我责任感

除非公司和整个社会朝着这一目标前进，否则，不管我们等待多久，一切都不会改变。我曾亲自朝着富有创造力的变化方向迈出步伐，但进展十分缓慢。就算人偶然取得了小小的进步，也会不断碰到一个棘手的问题：怎样与现行制度下成长起来的人相处。

正如您提到过的，一个人眼下越是成功，就越难带来变革。我们每个人都应该严肃地自问：真正受过良好教育的人，应当具备什么样的素质？

我们必须创造更多持续学习的机会，哪怕企业推广这种做法，普通的日本人也缺乏自我责任意识，无法为自己的教育承担责任。我们不能坐等社会来解决问题，而应当人人出力，寻找办法，造就更美好的社会。

一个真正受过良好教育的人

我问您"受过良好教育的人"的定义是什么，您回答说，这是道难题，可能得再花 100 年才能解答。在这方面，您曾在《后资本主义社会》一书中说，"受过良好教育的人，应该有能力把自己的知识用来承担现状，塑造未来。"我愿意把这句话阐释为，真正受过良好教育的人，就是能够进行创新、改变现状，从而带动社会变化的人。换句话说，以我之见，您的言外之意是，一个能够依靠自己的努力推动创新的企业管理者，就是受过良好教育的人的合适例子。

如果我的理解不错，您的话意味着，各地（不仅是日本）的高管肩负着一项重任。您在信中表示，真正受过良好教育的人所面对的一大挑战，就是要把自己所知，自己掌握的专业知识和技能，运用到工作当中，塑造自己的个性。而这就是他们为人类发展做贡献的方式。

高管的责任

我相信，这是所有高管面临的一项挑战。他们应当知道如何以这种方式应用自己的知识和技能。靠着他们自身的行动，他们很可能取得积极成果，对当今社会产生积极的影响。毫不夸张地说，做不到这一点，或是不曾有过这类尝试的高管，根本不配担任眼下的职位。我认为当今日本充斥着的萎靡不振、缺乏信心的状态的根源就在这里。

您向各地的高管提出了一项绝大的挑战，这项挑战同时也是一场艰难的考验。让我们期待，世界各地的高管，在我看来还须包括日本大型组织的中层管理人员，能从像你这样的人，或是像福泽谕吉和明治时代其他著名的领导人身上学到一些东西。但愿高管能意识到持续学习的重要性，并承担起眼前的责任，最终攀上顶峰。

对下一代的期望

这里，我可能又一次太过乐观了。推行这样的变革绝不会如此容易。我们可能要等到现在刚成年的一批人成熟起来之后才行。这些人正越来越多地申请加入日本青年海外协力队（Japan Overseas Cooperation Volunteers），排着队等待绿卡到美国去工作。我真诚地希望，这些年轻人能及时找到途径，改变日本社会的思维方式。从某种意义上说，我对青年人怀有希望。更何况任何人都可以申请加入大荣公司。

1995 年 1 月 9 日

信息技术会给社会、经济和私营企业带来什么样的变化
◎中内功

信息技术的影响

多媒体计算这一主题，在日本各地的公共、私人部门，还有政治家嘴里反复回响着。然而，进行深入分析后即可发现，那些重复这一主题的人，似乎更关心的是诸如电线杆、电线和计算机终端这类的细枝末节。"多媒体"这个字眼，好像变成"发展硬件基础设施"的意思了。在有关多媒体的讨论中只偏重强调硬件，大概是因为人们对信息技术即将带给社会、经济、私营企业和管理者的变化缺乏想象力吧。

信息技术会带来怎样的影响，我很想听听您的想法。

1994 年 12 月 7 日

便利店就是未来以信息为基础的组织的例子
◎彼得·德鲁克

信息技术的影响

过去五六年我都在努力研究这个问题。最近，我根据实际的咨询工作，在一篇文章里整理了所得结论，这篇文章会发表在 1995 年 1 月和 2 月的《哈佛商业评论》上，标题为"高管真正需要的信息"。这里，让我简短地总结一下这篇长文的主要内容。

高管所需要的信息

技术进步正迫使商业中的每一个人重新评价"信息"的含义。技术本身只是一种工具，但和所有的新工具一样，它不光强迫我们改变做事的方式，更强迫我们改变所做的事情。然而，主要的变化倒不在于技术的变化，而在于我们对信息的定义。故此，最古老的商业信息系统——财会系统（在西方可以追溯到500或者700年前），未来20年里会变得面目全非。它将通过以活动为基础的会计方式来改变。借助这种会计方式，我们将首次能够真正地控制制造和服务行业的成本。它将迫使我们去做许多日本公司已经着手做的事情，即对整个经济过程进行成本核算，而不光是核算企业法律实体内所发生事件的成本。这就是说，要对从供应商到制造商，再到分销商和零售商，最后到最终消费者的整个过程计算成本。采用以活动为基础的会计方式，我们能够衡量企业创造财富活动的收益，不管它来自生产力、质量还是创新。它还让我们得以衡量企业内部关键决策（对人力和资本两种稀缺资源的分配）带来的收益。最后，它强迫我们去开发企业外部世界的信息，因为企业活动的结果来自外部世界。企业内部只有成本；而只有客户，才创造结果。

这一切仍然基本上属于发展的早期阶段，但用来描述未来10~15年企业高管所需的信息系统，应该是大致可行的。这恐怕是未来10年最令人兴奋的管理领域，而且显然会是一个充满了巨大变化的领域。

多余的"课长"

信息技术不光会改变我们掌握和使用的信息，更日益形成了我们用以组织企业的骨架。传统上，我们的企业是围绕命令和控制进行组织的，这是125年前现代企业最初诞生的时候，我们唯一可以仰赖的东西。但我们现在逐渐转向围绕信息组织企业。这么做带来的最立竿见影的效果是我们减少了管理的层级。即便是未来的大型企业，也只有三层管理，最多不超过四层。日本、美国和欧洲都已展开了向这个模式转移的过程。

但它带给日本的影响最大，因为在日本，人们普遍认为，"晋升"就是进入管理职位，并一步步地往上升职。可未来20年，管理职位会变得很少。事实上，"课长"或者科室主管再也找不到了。我们会转而要求组织里的每一个人对信息负全责。那么，这对传统的期待意味着什么呢？我们要怎样激励人？如何奖励员工？尤其是，既然以后的管理层级会那么少，我们该如何培养高级管理人员呢？

自治的组织单位

我们已经开始着手处理这些问题。我们知道，解决办法之一，就是在企业内部建立更多的自治单位。在这方面，您和您的特许连锁店就是未来组织很好的例子。哪怕是最小的便利店，也是一个要承担管理责任的地方。单个的小店可能完全由大荣公司设计——它采用大荣公司制定的政策和运营方式，它的库存受大荣公司控制，它的价格由大荣公司设定。可店主及店主之妻仍然具有一定的管理职责，要接受经营生意的训练。我们需要更多这样的单位，为未来以信息为基础的组织培养高级管理者。

组织里的激进变化

接下来的问题跟所有组织有关,不仅限于商业企业。创新将在多大的程度上淘汰让员工集中在一个地方工作的传统组织结构?过去几年在美国和欧洲,我们看到了一个明显不同于传统组织的发展趋势。按照传统,组织雇用员工为自己工作。如今,我们看到组织转而雇用临时工。据我了解,日本也出现了同样的趋势。我们还看到了越来越多的所谓"外包",即将配套的支持性活动承包给独立的组织。例如,IBM 公司不再替自己的分支机构处理数据,而把这一任务交给一个专门从事数据处理的公司。即便是在日本,也有越来越多的医院把自己的维护、配套活动、建筑管理等外包给独立公司。

工作的去中心化

真正的问题是:人们还会继续在总部工作吗?美国最大的人寿保险公司——纽约大都会寿险公司(Metropolitan Life in New York)每天都把保险受益人提交的寿险索赔用飞机寄到爱尔兰去处理。飞机要飞 6 个小时,晚上 7 点离开纽约,次日早晨 6 点(有时差的缘故)到达目的地。上午 8 点,爱尔兰的员工就开始处理索赔申请。爱尔兰有着欧洲最高的失业率,也有一套优秀的教育系统,所以,它能提供大量受过教育的人处理保险索赔。爱尔兰时间下午 5 点(纽约的正午),索赔处理完毕,支票被填好装进信封,寄到美国受益人的地址。下午 6 点,支票上了飞机。6 个小时之后,支票回到纽约,此时是下午 6 点,再过 1 小时,它们会搭上夜班飞机,派送到最终目的地。第二天一早,保单受益人收到了支票。银行的支票兑现、绘图员绘制建筑图、偏远医院的心电图求解,也都采用了同样的工作方法。

在家和卫星办公室工作

19 世纪的一项伟大成就是提高了人的流动性。例如,日本从前有大型的朝圣活动,全村人都到某个圣地去,但这是一辈子只干一次的大事情。19 世纪出现了轮船、铁路、有轨电车、自行车、汽车以及飞机,带来了大规模的出行。

20 世纪出现了思想和信息的便利流动。人占据了大量的空间,流动起来费用很高,在大多数大城市,人员流动的承载能力正日益达到负荷的临界点。这一点,上午 8 点去东京新宿车站一看便知。事实上,当今世界只有一个大城市的公共交通系统还能正常发挥作用,那就是芝加哥。除此之外,巴黎、纽约、洛杉矶、伦敦、东京和大阪,公交系统都像噩梦一般。这其实不再有必要。大多数每天通勤到大城市中心去的人,根本不用这么做。因为他们所做的文书工作(信息处理),是不用跟任何人面对面的。将来,这些人有多少会在家工作,引发了激烈的讨论。在美国,大组织中有 4% 的人如今在家工作,另有 20% 在大城市外面的小型办公区工作。他们有电话、传真机、闭路电视(正日益变成交互式电视),完全没有必要让他们早晨花上几个小时通勤去大城市上班,再花同样的时间下班回家。

可以预料,在西方,以后 25 年,我们企业和政府机构里的绝大多数员工不必再通勤上班。工作会"通勤"去他们那儿。我说不准日本的发展速度是不是也会这么快。彼此见面，一对一地接触，在地址合适的地方工作，这些在日本远比在西方重要。但我相信，我们都在朝着同一个方向发展。事实上，日本有一个地方已经赶到了西方人前边，就是您创建的筑波科学城。

未来组织的凝聚力

这将意味着很难预测未来的组织。员工在同一家公司工作，彼此间却从没见过。在这样的情形下，我们该怎样维持员工凝聚力呢？您在大荣公司所做的一切，可能比大型制造企业更适合向我们做出示范。您旗下的上千家连锁店就像一个组织那样运转着，尽管不同门店的员工彼此之间没见过面，也没有太多的接触。您已经把工作带到了员工面前。我们应该向您学习怎样维系这类大型组织（除了年会或少数社交活动之外，员工们没有实际接触）的凝聚力。

办公城区的前途难以预料

这对社会意味着什么呢？城市中心，即办公城区的未来会是怎样呢？

房地产的繁荣造就了当今的大城市。在日本，这一趋势始于350年前的江户时代。西方开始得稍晚一些，17世纪后半期的伦敦大火拉开了序幕。哪怕经济萧条时有发生，但城市化的趋势始终持续不减。它现在结束了吗？未来的城市仍然是人们工作的地方吗，或仅仅是政府、典礼、教育和艺术中心？

我们所熟知的城市，最初是作为政府单位出现的。镰仓、京都和江户基本上是政府中心，中世纪欧洲的城市也一样。从我们前文所说的人员流动能力来看，19世纪的城市变成了制造业的城市。二战结束后的城市，则成为办公型的城市。二战之前，如果电影里出现了摩天大楼的画面，你就知道，这不是纽约就是芝加哥。我最近去了静冈，37年前我最初听说这里，它还是一个懒散的小型工业城市。可它现在成了一个遍布着摩天大楼的城市。发达国家和发展中国家的其他城市，哪怕是小城市，也都如此。这些摩天大楼都是办公楼。到信息革命降临之前，它们能生存下来吗？还是会迅速变成博物馆里的文物和古迹？

我认为，这是一个最为关键的问题，而且我并不知道答案。

信息对人生活方式的影响

我有理由相信，信息技术将从根本上深刻地改变学校、商业组织和城市。正如您所指出的，在世界上所有值得担心的事情里，"硬件"基础设施并不是最重要的。毫无疑问，计算机技术、软件技术等领域正进行着巨大的变革。但真正重要的问题还在于，技术对我们的世界愿景、工作方式和生活方式带来了什么样的影响。信息创造了一种全球性的意识。当今每一个人都得到相同的信息，其中有不少歪曲了现实，但这说不定无关紧要。它仍然把相同的信息传递给了所有人。同样重要的是，它还以同样的方式（比如，通过对晚间电视新闻节目内容的筛选）阐释了信息。信息深刻地改变学习和教育的含义。信息改变了组织的结构，由此也改变了人们的职业和期望。信息还可能改变我们生活的方式。依靠现代信息的传送，再也没有孤绝封闭的农村了。大家都生活在相同的信息世界，而从本质上说，信息世界是城市化的世界。

信息技术为旧有的方式添加了什么

然而，我们可以有把握地说：新东西并不会彻底淘汰旧有的东西。40年前，我有些非常聪明的朋友预言，电视会淘汰书本。如今每个人、每个地方都有电视——从是否拥有电视的角度看，如今已经没有所谓的"欠发达"国家了。可在所有的发达国家，不管是日本、美国、英国还是德国，书籍的出版量和购买量都大幅增长。以前从不买书更不读书的人，如今也会因为电视或电影的影响买书了。

印刷书籍刚出现的时候发生过非常类似的情形。欧洲文艺复兴时期最伟大的思想家之一，伊拉斯谟（他生活在16世纪刚开始的那些年）预言，印刷书籍的出现意味着书信的终结。恰恰相反，1600年前后，西方文明中的书信盛世正好开始，也就是说，在读书成为普遍现象之后。由于印刷书籍的出现，人人都识字之后，也就是19世纪末，书信活动到达顶峰期。

换句话说，新的并未取代旧的，而是填补了旧的。我相信，信息带来的情况也会一样，尽管重心有所变化。我的孙辈们，现在大多20来岁，从大学毕业，认为现代信息技术是理所当然的事情。它已经成为他们的工具。然而，他们想凭借信息技术所做的事情，却还很传统。举例来说，他们中有一人是音乐家，另一人很快会当上建筑师；他们做这些工作的方法是完全不同的。你担心信息会削弱创造力和想象力，我对此深表怀疑。只不过，创造力和想象力会采取完全不一样的形式，这一点是一目了然的。

1994 年 12 月 20 日

信息技术的发展将把每一名员工都变成管理者
◎ 中内功

信息技术的影响

您的来信清楚地告诉我，信息技术的发展将会以超出我想象的方式影响经济和社会。

信息技术的发展为"外包"奠定了基础，每一家组织都变得更为紧凑。随着这个过程的继续前进，传统的多层级组织迅速丧失了效率。许多知名企业别无选择，只能最大限度地利用信息技术带来的福祉，改革组织，迎合信息时代赖以为基础的原则。如果它们不这样做，就会失去竞争力。

那么，能够利用信息革命的组织具有哪些特点呢？便利店系统的例子让我们意识到，这样的企业极端紧凑化，把管理责任下放给组织中的每个人。我相信，这一点非常重要。如果管理责任下放给每个人，那么人人就都有责任进行创新，对当前环境施加影响。这也意味着，人人都必须主动学习知识，掌握技能，将自己的聪明才智运用到工作上。信息技术的发展会在每一家企业里造就大量自治部门，把每一个部门里的每一个人都变成管理者。换一种表达方式来说，信息技术的发展能够为明天造就高管，影响社会的运转。毫无疑问，这会是一个可喜的进步。

应该说，对这个话题的讨论，在日本十分罕见。就算有人发表评论，通常也是在说信息技术的发展将把现在的层级式组织改造成扁平网络。没人对此进行更深入的解释，或是就此进一步地展开。媒体只会瞎扯一通，说什么信息时代减少了中层管理岗位，不懂得使用个人计算机的员工对公司没有用。

如您所说，随着信息技术的发展，我们不再需要传统的日本管理者，也不再需要没有计算机知识、没接受过相关培训的员工。可个人计算机的引入也会创造额外的就业机会。利用信息技术重组企业，使之成为以信息为基础的独立部门，并且通过不断的培训，将这类部门下的员工变成"明天的高管"——这难道不是绝对必要的吗？

我相信，您的意见为日本敲响了警钟，因为它太过关注硬件。身为企业的高级管理者，我热切希望，有更多的日本人读到您的回信，充分意识到自己必须承担的责任，以及摆在自己面前的重担。

1995 年 1 月 9 日

CHAPTER 4 | 第 4 章

企业家精神和创新所面临的挑战

企业家的社会角色就是带来创新
◎ 中内功

创新的必要条件

伟大的经济学家熊彼特曾说过,企业家的新颖观念带来的创新,能令经济迅速增长。今天的日本存在一个问题:企业家的数量似乎在下降。越来越多的高层职位都由碰巧擅长管理的普通经理晋升而来。这让我对未来产生了确定无疑的黯淡感,哪怕企业现在的资产盈利能力仍然保持强劲。难道日本已经成了一个没法产生真正企业家的国度吗?背负僵化金字塔结构的大型企业,是否再也无法成为创新的温床?更糟的是,就连中小型企业似乎同样再也没出现领袖人物了。

从这方面着眼，我想向德鲁克教授提出一个问题。以您丰富的经验来看，为了让日本这个当前处在沮丧情绪中的国家大力推动各个领域（包括金融部门）的创新，我们需要创造什么样的基本条件呢？

企业家的角色

我的第二个与创新相关的问题涉及这样一个因素，在预测后资本主义社会未来的时候它有可能非常重要。

回想熊彼特的社会愿景，企业家精神非常重要，可随着经济的发展，企业家个人努力所带来的创新最终会走到尽头。在极端情况下，资本主义甚至会过渡到社会主义。这一社会愿景，再考虑到日本企业家数量的下降，似乎表明熊彼特的论断正变为现实。有人猜测，日本的许多政府法规逐渐逼得具备创新精神的人只能到海外去开办企业。

在此背景下，日本的创新有可能来自什么地方呢？未来会死气沉沉、缺乏活力吗？时间会悄悄流逝而去吗？"创新"这个词正遭到日本的遗忘吗？多年来，我都竭力想要改革日本的分配结构，也相信企业家的社会角色是带来创新，如今无奈要提出这些问题，我感到十分痛心。

我知道，您曾在多个场合对日本商人加以鼓励。恳请您再次说明您目前的看法：今天的企业家应该担当什么样的角色，对创新有什么影响？

看完这些问题，您可能觉得我有失独立姿态，身为日本的企业管理者，我应该自己回答这些问题。今天的日本存在一种只看眼前、不考虑未来的倾向，人们缺乏自尊。请您在提供建议时着眼于我们现时的处境。

1994 年 12 月 7 日

我深信，日本会出现第三波"经济奇迹"

◎彼得·德鲁克

您说得绝对正确。未来的 5～10 年，每一个发达国家以及该国的大企业，都必须学习创新。此外，每个国家也都必须学习鼓励、培养企业家。这绝不仅限于日本，但日本对此的需求可能最大，又最难以满足。

"创造性模仿"的后果

或许我先这样说比较好：在当前的道路上，日本恐怕能继续做得很好，企业家精神也发挥得比其他发达国家更好，甚至可以说好得多。日本的伟大成功（跻身世界领先地位、具备第一流的经济实力）基本上来自二战前（主要是 20 世纪 20 年代）发展起来的行业：汽车、消费电子、钢铁、造船，等等。这些来自过去的高度机械化产品可能还会有市场，至少还能维持 15～20 年。它们是快速发展的国家最需要、最重视的产品。

如果亚洲持续增长和发展，那么，在可预见的将来，它将成为这类产品的主要市场。我相信，日本最有必要做出重大改变的一个传统领域，恐怕是金融行业。在很多方面，金融都是未来 10 年的头号增长领域。光是人口统计即可保证这一点,因为老年人已成为一个又一个发达国家的主导人口。即便是在这个领域,日本金融业必须要实现的,也就是在市场(现由以美国为首的西方金融业所把持)上做得再好一些罢了。我预见,只要改善现有操作方法,便有很大机会成为领导者,无须真正的创新。

但这并不是未来。这是追赶过去。未来明确地要求我们转到非常不同的产业和服务上去。考虑到如今的日本已经处于世界领先地位,它恐怕不能指望靠我所称的"创造性模仿"来维持这一优势。

企业家精神的衰落

我要强调的是,在这方面出现问题的,并不只有日本。每一个发达国家都面临着这一挑战,只不过,日本面临的挑战可能最为严峻。日本的创造性模仿取得了非凡的成功,而跟成功争辩,总是非常困难的。

在发达国家中,日本有着最为成功的创业史。没有哪个国家的创业绩效,能比得上太平洋战争后的日本。一如您所指出,就在我们最急需的时候,日本(当然绝不仅仅是日本)出现了企业活力衰减的迹象。

其实我们知道自己需要的是什么。事实上,对任何国家、任何经济、任何行业、任何公司而言,都没有借口不去创新。

有关企业精神的两种平行需求

我们知道,首先,我们面临着两种平行但又不同的挑战。我们需要能够在现有公司外面创办新企业的企业家。换句话说,我们需要过去三四十年出现的像您这样的人,或者说,我们需要像我的老朋友伊藤雅俊那样的构建日本零售业的人才。我们需要像本田宗一郎那样的人，需要像索尼的盛田昭夫那样的人，等等。这些人造就了当今日本的经济和社会，而且，他们是在现有系统之外创办企业的。

我们还需要把创新能力灌注到现有企业当中。如果现有的企业无法通过学习变得具有企业心和创新意识，我们必将面临太多的社会断层。

如何针对企业家精神和创新意识进行组织

其次，我们知道如何针对企业家精神和创新意识进行组织。我们有专门的训练，尽管40年前您开始创业的时候，它还根本不存在。我们知道，为寻找成功创新的机会，观察经济、社会和技术内部业已发生的变化，这就是创新之始。如您所指，大约10年前，我写了一本关于这个问题的书。书名叫《创新与企业家精神》㊀，内容来自我对这一领域40多年的研究工作，这里，我就不再重复了，以免您和我们的读者发闷。事实上，获得创新意识并不难。

需要年轻人

接下来的问题是另一回事，至少对日本而言。创新和企业家精神需要年轻人。你若不在20来岁（最迟也得在30岁冒头）时开始创新，以后就永远不会了。以您自己为例（如果我可以这么说的话），创办大荣公司的时候就还不到30岁。盛田昭夫创办索尼公司的时候，是二十七八岁；本田创业时的年纪也不太大；松下更年轻。明治时代的企业家都是

㊀ 本书已由机械工业出版社出版。

三十而立之前创业的。涩泽荣一（我认为他是真正的现代日本之父）30岁的时候创办了日本第一家现代银行；福泽谕吉26岁发表了他第一本重要作品，37岁创办了庆应义塾大学；岩崎弥太郎26岁创办三菱。其他国家也都一样。创新家和企业家必须尽早开始。

这可能是日本面临的最大挑战。它要求金融体系进行改革，好让年轻的企业家获得资金。据我所知，当今的日本是没法筹到创业资金的。但最重要的还在于对大公司的组织方式进行重大调整，现有公司管理年轻人的方式尤其需要彻底改革。有两家美国公司对此做了很好的示范。这两家公司都属于世界上最大的企业，但却设法保持了极佳的创新能力。其一是3M公司，在六七个不同的行业都是全球佼佼者；另一家是强生公司，是生产多种保健品的世界顶尖企业。在这两家公司里，如果你30岁之前拿不出一种新产品，并据此开发一条成功的业务线，你就无法跻身高级管理人员之列。

怎样将这种方法运用到现有的成功大公司呢？我指的不光是日本的公司，在美国和欧洲，我们也有同样的问题。

创新家没法在团队里开展工作

在日本，这个问题可能最为艰巨和严重。原因之一在于，创新家并不擅长团队合作。许多人组成的委员会搞不了创新。一如您所举的例子，创新是高度个人化的孤独工作。成功的创新家能够建立团队，但他们没法在团队里开展工作。他们总是自己一个人干活。而这种行为，在现有的大公司会遭到摒弃，它们无法容忍，更不可能给予鼓励。可惜它们必须学会这么做。公司需要在奖励制度上做出调整。而年轻人，在同一家公司工作的最初 10 年，就应该跳出框框，提出激进的改革建议，公司则应鼓励他们，支持他们，放手让他们尝试自己的设想。这要求社会重视、尊重独立创业的企业家，而不是把所有的褒奖都献给"组织人"。

急先锋的职责

您可能会说，这些都是激进的变革，日本企业和日本社会不可能做得到。事实上，我和朋友讨论这些事情的时候，他们告诉我，我说的是文化的革命。我的美国和德国朋友，也像我的日本朋友一样抱持怀疑的态度。但日本在明治时代，以及 40 年前的 20 世纪 50 年代所发生的一切，却分明是更为激进的文化革命。事实上，为实现这样的文化革命，我们并不需要每家公司都改变自己的管理方式。20 世纪 50 年代我第一次访问日本时，绝大多数企业仍然使用着 50 年前的日本传统管理方式。而专注于质量、持续改善和跨国经营的全新企业文化，只依靠两三家公司来开创。起初，这几家公司步履维艰。金融界不明白它们在做什么。通产省和其他政府机构也全都唱反调。这些企业最初很难吸引到第一流的人才。可只过了 5 年，或者再久一点，它们的成功就一目了然了，又隔了 5 年；原来的少数例外就成了通用规则。指明道路只需要几家成功的先锋企业就够了。

剧变年代

一如您所指出的，发达经济体（不仅仅是日本）及其现存所有的企业，迫切需要走向创新。未来 10 年将是剧变的年代。在那些年里，每一个发达经济体的重心都将从如今的成熟产业转向全新的产业，诸如零售等传统服务将以焕然一新的方式来进行。届时还需要再来一场类似 40 年前日本经历过的那种经济奇迹。

这就是您的问题所提出的挑战。我深信，日本会迎接这场挑战。我认识的日本年轻人已经为之做好了准备，但还需要更多的全新努力，以及更多的全新奉献。

我希望这解答了您的重要问题，我也希望日本企业倾听您的问题，并给予回应。

1994 年 12 月 20 日

"创造客户"将是永恒的挑战

◎ 中内功

您在回答我的问题时指出，不光只有日本需要学习用创新的方式培养企业家，但较之其他地方，在日本，这个问题显得最为突出，更难于施行。您提出的理由是，日本的大企业极为擅长对美国和欧洲进行"创造性模仿"，可并不擅长从无到有地开发新产业、设计新服务。

您的话让我陷入了深思。回想起来，我自己在大荣公司的经历（在日本推出连锁店和特许经营方式等），也无非是对美国已经发展起来的方法进行创造性模仿罢了。

同样的结论不仅适用于大荣，也适用于第二次世界大战之后迅速成长起来的大多数企业。如果是这样的话，我们只能得出结论：日本经济无法在将来引领世界。

新材料

在回复我关于信息技术的那封信时，您说，新的不能取代旧的，而是作为补充。这无疑代表了熊彼特所信奉的"新结合"，这也是创新的本质，日本企业必须重新学习去理解它。

截至目前，日本企业通过观察美国的发展趋势，成功地实践着创造性模仿。毫无疑问，我们仍然可以从美国学到很多东西，因为美国在许多领域都存在创新。如果我们要学习，就要从学习创新的结果转为学习创新产生的过程。我们没时间垂头丧气。

您在《生态远景》一书中的"社会生态学家的反思"强调了识别、分析"业已发生的未来"的重要性，并以20世纪60年代初日本的社会和经济转型为例。同样，您在最近的来信中指出，当今的日本高管应当从"业已发生的未来"这一背景下去考察明治维新以来许多企业领导者取得的辉煌成就，并为之增添新的东西。在这一点上，我想根据自己的经历来谈一谈日本历史上"业已发生的未来"。

1945年6月至8月15日二战结束的这些日子，我一直徘徊在菲律宾的丛林深处，那时候，我是战败的日本军队的一名伤兵。丛林里没有食物，为了活下去，我只好找到什么吃什么，我甚至把军靴上的皮革都吃掉了。那时候我自然没时间琢磨什么高尚的意识形态或理想。我完全是靠着回想寿喜烧（日式火锅）的美味才挺下来的。

回到祖国，我想起那么多战友丧命海外，这才首次意识到战争带来的悲惨现实。我不禁自问，头脑正常的日本人怎么会动手干了这样一件丧心病狂的事情。

我得出的结论是，为了避免日本再在未来犯下这样失去理智的错误，有两个必要条件。首先，我们需要与其他国家保持友好关系。其次，我们必须将流通结构进行现代化改造，建设全国性的网络，让所有日本国民都能以合理的价格，随时随地买到自己想买的商品，就像血管把营养输送到人体各处那样。这让我想到了美国超市的概念。

约翰 F. 肯尼迪传递的信息

1957 年，大荣公司第一家分店开业，我每天忙于处理日常业务。然而，1962 年，我代表日本到访美国，参加了第 25 届超市研究所年会（Annual Supermarket Institute Convention）。这件事标志着一个转折点。肯尼迪总统在开场讲演致辞里所说的每一个字，都为我打开了新的视野。

总统先是祝贺超市，指出超市丰富了美国消费者的生活，强调超市为社会带去了便利性，全体美国人都渴望生活在便利的社会。

他的话给我留下了深刻的印象，于是我利用一切可行的机会去参观超市。我亲眼见到的情形，再一次让我震惊。美国超市真的完全以消费者为导向，它们以肯尼迪总统于 1962 年 3 月倡导的消费者四大权利为指导，为当地社区提供服务。

从美国学到的智慧

在美国的经历,加上我成立大荣时秉持的信念,让我确信:为了向消费者和社会提供服务,必须将物流结构进行现代化转型,这能稳定人民生活,维持社会健康,创造一个和平的社会。有人或许会批评说,这样的言论是公司创始人在夸夸其谈,但我认为,这无疑是我在20世纪60年代初所获得的信念,也是大荣发展到今日地位背后的驱动力量。

我相信,许多日本企业战后的发展,都可以归结于一个共同的愿望:迅速让国家摆脱悲惨状态,改善人民生活质量。此外,它们从美国那里得到信心:付出的努力不会是徒劳。对于许多公司来说,这种信念为它们带去了实现重大发展的力量,从而进一步带动了国家经济的快速增长。

那么,日本企业从美国学到了什么呢?显然,我们学到了具体的业务技术,如产品开发、市场营销和财务管理。但我相信,对日本影响最大、最重要的一课是:美国企业根深蒂固的对顾客和社会提供服务的精神,就像美国超市所表现出来的那样。在我们从美国学到的所有东西里,这一点的意义最为重大,因为日本企业不光学到了美国的管理技术,它们还学到了服务的精神,即您所称的智慧。正是这种智慧,支撑了日本经济的快速增长。

就是在那时,我受您在《管理的实践》⊖这一杰作中"创造客户"的建议启发,明白了商业的意义所在。虽然在当时的日本,拿着钱去冒险

⊖ 本书已由机械工业出版社出版。

会被看成贪婪的举动，但您的主张（企业的目的是创造客户）给了我勇气去面对社会的主流情绪。

我希望借鉴我在创办大荣公司时汲取的经验，在中国开展业务，如有必要，步子可以迈得慢一些。今天的中国和1960年的日本很类似，社会上认为拿着钱去冒险做生意是"金钱崇拜"和贪婪，但这并不意味着用钱冒险总是坏事。人民会继续拿着钱去冒险，追求舒适与福祉，正是这种动机，充当着经济活力背后的原动力。身为企业的高管，我享受到了世界经济带来的利益，我相信，帮助中国人民走完过渡阶段，从温饱阶段迈入富裕阶段，是我的一种责任。

为消费者和社会服务

德鲁克教授，您的话让我想起了30年前访问美国时所得到的智慧。当时我意识到自己在公司内外必须履行的职责与承担的责任。现在，我再一次感到了当年的那股热情。这既是一个巨大的责任，又是一项极具吸引力的挑战。

和您一样，我决心更投入地去迎接不断学习的挑战。通过不断学习，我希望把自己的经验不光告诉大荣公司的员工，也告诉全日本甚至全世界的人：怎样本着为消费者和社会服务的精神，通过物流体系的现代化，实现和平。

日本的许多高管都已经听到了您的讲话。现在，他们该自己做出决定了：采纳还是忽略您的建议。日本的高管并不是愚人，所以，他们必定会听从您的建议：随着时间累积起来的智慧，能够跟自身的工作联系起来。如果做不到（倘若他们不能落落大方地承担这一责任的话），那么谈什么日本的企业活动、经济和社会的复兴，还有我们对国际的贡献，都毫无意义。如您所说，高管认识到自己的责任，才是日本复兴的关键。

1995 年 1 月 9 日

第 5 章 | CHAPTER 5

第一部分的附录

关于 1995 年 1 月 17 日阪神大地震的通信往来

尊敬的中内功先生：

我们刚刚听说大阪－神户地区发生了可怕的大地震，对我们所有日本朋友的安危非常关心。请告诉我们您和家人的近况。您的商店受损严重吗？希望一切安好。

致以最诚挚的问候。

彼得·德鲁克

1995 年 1 月 17 日

尊敬的德鲁克教授：

十分感谢您发来传真表示对大阪－神户地区地震的关注。

请放心，我们很安全，但我们在神户地区的门店受损严重。我们正在尽最大努力，尽快恢复正常运作。

再次感谢您的关心。

此致

中内功

1995年1月17日

尊敬的中内功先生：

我刚刚收到一个可怕的消息：大荣公司有员工及家属在神户大地震中丧生。请接受我最诚挚的慰问。我知道，大荣公司在神户地区的门店遭受了重大的损失，对此我也深表痛惜。但财产损失很快就会弥补回来，被人们抛诸脑后。可损失了大荣团队的成员，同事和管理者是永远不会忘记的。所以，我向您和大荣的同事，对这个可怕的悲剧致以最深切的同情与最诚挚的祝福。明年秋天，我打算再到日本，希望届时我能当面向您表达我的同情和慰问。

同时送上我最真诚的问候和最美好的祝愿。

彼得·德鲁克

1995年1月30日

尊敬的德鲁克教授：

非常感谢您来信表达对神户大地震和我们员工及其家人的关心。

大荣公司的工作人员在地震中丧生，是非常重大的事故，我们在该地区的门店也受到严重损坏。不过，此刻我们正尽最大努力恢复正常营业，以便为消费者稳定地供应生活必需品。

再次感谢您的关心，期待在秋天与您相见。

此致

中内功

1995年2月1日

尊敬的德鲁克教授：

很抱歉这一次回信不够及时，同时，向您致以感谢。

宿命的早上收到睿智的来信

1月17日，阪神大地震之后的那天早晨，我收到了您发来的传真，对灾情表示关心。1月30日上午，我又收到传真，您对大荣公司在这次灾难中丧生的多名员工及家属表示慰问。看到这两封来信，您的善良和关切深深打动了我，它们越过日美之间相隔的宽阔海洋，危难之中予我抚慰。您在信中说："财产损失很快就会弥补回来，被人们抛诸脑后。可损失了大荣团队的成员，同事和管理者是永远不会忘记的。"我的一些同事及其部分家人在这场灾难中惨遭不幸，我感到十分痛心。灾区共有5000多人丧生，其中有118名大荣的员工和他们的家人（截至2月10日）。

建立应急管理中心

地震发生在1月17日上午5点46分。早上5点55分，我在东京的家里，从电视新闻里第一次听到消息。考虑到地震的规模极大，我驱车上班途中，就指示员工设置控制中心，处理来自地震带的门店受损报告。因此，大荣公司的应急管理中心在上午 7 点就正式成立，立刻投入了运作。神户地区也设立了一个类似的中心，当地的大荣门店（大部分都因为新年休假，正处于关门状态）受命立刻开业，为受地震影响的灾民提供每日生活必需品。我们又着手准备从东京和九州运送 360 名救援人员以及神户应急管理中心所需的支援物资。队伍 10 点钟出发。从新发来的大量损失报告看，受灾程度超出此前想象。

我决定，大荣公司的门店和劳森便利店各网点应继续开门营业，如果门店不可用，就搬到停车场开业，如果连交易也无法完成，至少提供照明。我还记得从前在饱受战争蹂躏、没有人类活动的地区所感受到的不安，也记得随着街灯逐渐亮起，内心生出的宽慰与希望。同时，传回的地震报告表明受损程度越来越大。

全力投入震后恢复工作

大荣公司在受灾地区有 49 个网点，受地震影响，有 11 家无法开展业务。此外，预计门店所在建筑物受损以及库存损失总数将达 500 亿日元。所以，大荣公司自成立以来第一次要面临一场危机：当前财年结束时可能要出现亏损报告。

但此刻还不到我们沉浸在悲痛中的时候。大荣公司决心全力投入灾后的恢复工作，既是为了纪念我们在地震中丧生的同事，也是为了支援受灾地区人民的生活。神户是大荣公司发迹的地方，大荣公司在这里开办了第一家连锁店，我也是在神户长大的。身为一个直接受灾害影响的人，我决心全力以赴，与所有从地震中站起身投入救灾的人一起，克服这场自二战以来最大的灾难。

与此同时，我感到骄傲的一点是：为了履行我们作为供应商对灾区人民的责任，我的同事虽然也担心着自己的家园受损、家人流离失所，仍然全力以赴地投入到零售业务中。我相信，我们为把这个城市变成一个更明亮、更美好的地方做出了贡献。

物流在灾区的重要性

这次地震让我重新认识到物流的重要性。甚至在地震发生一个星期之后，受灾地区狭窄的道路也不足以承载巨大的交通流量。因此，灾区乱成一片。就连发生火灾，消防车也无法靠近现场。

这意味着我们不能按照最初的设想运送必要商品。与此同时，灾区居民的需求每天都在发生变化。第一天到第三天，他们需要大量的饮用水和能够立刻食用的方便食品；第四天，他们需要衣服；第五天，他们又需要便携气罐、吃饭用的盘和碗。

为了合理地满足人们每天变化的需求，我们的首要任务是为运输商品安排一条可靠的路线。我们不能等到交通障碍解决之后再行动。出于这个原因，大荣首先从物流系统的重建工作入手，并将之视为重中之重，一路往下重新铺设到零售网点层面。虽然过程中不乏混乱，但在地震发生的当天，大荣就安排直升机、渡轮、油罐车、卡车和其他运输手段，利用最近的港口使用海运方式，锁定了一条运输通道，向震区运送商品，还用直升机运输了部分物资。此外，我们紧急抽调了全国各地的员工，加快恢复神户配送中心，因为它是灾区物流的关键。而且，对于震中遭到损害的零售店，我们在地震当天就从东京和其他地区调派了人员进行恢复工作。对于还能够营业的门店，我们尽量延长营业时间，方便长途跋涉而来的顾客。对已经垮塌的商店，我们在停车场及其他可用空间建立临时销售点，继续提供生活必需品。

通过这些努力，日子一天天过去，能够开展业务的门店数量逐渐增加，我们得以继续供应基本的生活必需品。尽管如此，这场史无前例的大地震造成的损失，远远超出了所有人的预期，很难说大荣100%满足了人们的需求。我逐渐意识到，我们有部分反应还不够及时。和电话、电力、水、燃气与其他公用事业供给一样，连锁店在从正常时期过渡到紧急状态的过程中，我们供应必需品的物流速度要达到多快，才能充当灾民们的生命线呢？我们在紧急状态下的组织结构真正发挥作用了吗？在考虑类似的巨型天灾风险管理时，这是两个要点。

缺乏信息造成的混乱

另一个要点是信息。大众媒体火力全开地批评国家和地方政府面对危机时的无能。就个人而言，我到灾区之后也敏锐地察觉了政府的反应迟钝，我相信主要的原因在于缺乏信息。就算我们，在最开始的时候，也因为缺乏信息而反应混乱。这是一个根植于基础设施上的问题，我们传统的有线网络已经达到了极限。不过，我认为通信过程中也有一些要点需要改进，比如就信息沟通总承载能力的实现形式，与信息处理相关的判断和指示等。政府机构和大型企业中存在的条块分割结构，在危机时刻并非是处理信息的有效方式。

由私营企业主导的重建

不过,现在还不是批评别人的时候。重要的问题是将来。口头之争不能为我们创造光明的未来。大荣集团现在必须要做的是,继续为灾区人民提供服务,帮助他们尽快重建。在重建过程中,我们不能老是想:这是中央或者地方政府该做的事。相反,私营企业和独立公民必须秉持这样的理念:我们要自己重建神户。我们应当通过积极主动、自我奉献、自我约束和自我负责的精神来展现生命力,实现灾区的重建。大荣会全力以赴地投身其中。

德鲁克教授,我相信,私营企业是否能充当灾区重建的主要力量,将是检验日本社会文明程度的试金石。从这个角度考虑,作为受地震影响的人,我打算与受灾地区的居民一起,为重建而努力。

在此过程中,请让我再次感谢您发来的两封极其友善的鼓励信件。我想说,这两封信会为我带来启发,我将以此作为鞭策,鼓足勇气面对未来。

此致

中内功

1995 年 2 月 25 日

2

第二部分

重塑的时代

DRUCKER ON ASIA

第 6 章
重塑个人

第 7 章
重塑企业

第 8 章
重塑社会

第 9 章
重塑政府

第 6 章 | CHAPTER 6

重塑个人

日本迫切需要重振普通民众，让他们更为有效
◎ 中内功

德鲁克教授，我相信您的书籍和文章曾为许多企业高管带去了勇气。我相信他们把您的话放在了心里。为了能更好地向全日本和全世界的高管传达您的信息，我想针对您的来信向您请教一些问题，尤其是与"重振"相关的事情。

重振组织中的个人

您在著作中解释说，在日本有必要展开一种文化上的革命。特别是，您曾提到，有必要创建一种能让员工发起创新的结构，比如在新

产品开发方面让年轻人冲锋在前。在这一点上，我认为您的思路完全正确。

如果我们说日本的企业文化已经走得太过头了，那么，我们就必须创造一种氛围，让所有员工，不光包括有专业技能的那些，都投入到创新当中，因为他们每一个都是"普通人"。他们每个人都能够取得成果，分享重振组织的喜悦。

毫无疑问，只有很少的人能够影响创新。这样的人通常拥有极强的独立精神，并会努力在刻板的组织之外展现自己的能力。这样一来，大型组织里留下的大多数人基本上都是"普通人"。

公司必须继续给予普通员工参与创新的机会，给他们感受工作喜悦的机会。换句话说，我们可以将之理解为一个理想的主张：不管付出什么样的代价，企业都应当维持就业。事实上，许多日本企业为实现这一理想，在当前经济衰退、经营局面恶化的时候，会把员工借调或转移到本集团的附属公司去。如果经营得不到改善，企业还会通过减薪来维持就业。

但是，有一点我们不能忽视：这种日本式维持就业的做法，让日本企业损失了一种重要的管理工具。所以，要重振一家绩效糟糕的企业变得非常困难。

与这类企业相比，许多美国公司会时不时地实施范围极广的重组，戏剧性地一举成功扭转糟糕的绩效。我可以描述一下美国企业重组的常见方式：对普通工人裁员，雇用数量较少的"知识工人"，提高知识生产力，从而改善总体生产效率。这种方法可以立刻见效，已经是不争的事实了。

最近我们在日本也开始考虑人员重组，包括大规模裁员。这主要是对绩效极其糟糕的企业的无奈之举。从这一点来看，我们可以推断，日本企业的行为已经从根本上开始改变了。

我感觉，日本企业现在的做法，是会带来一场真正的"文化革命"，还是将引来"文化破坏"，两者之间的界限很模糊。

个人的努力是卓有成效的

针对除了成为组织一员之外无法创新的普通人，寻找规则是个问题。身为企业高管，我完全理解，在日本，有关裁员的决策过程很不容易。管理者会一个一个地想起那些将遭到裁减的员工及其家人的面孔。事实上，在已经决定进行大规模裁员的企业，高层管理者有时候会辞职，以此承担该行为的责任，这足以清晰地说明在日本裁员的难度了。

日本现在迫切需要的是让普通人重新振作起来，让他们变得更加有效。可除非当事人意识到变革的必要性，否则便无法找到解决的办法。我相信，最重要的是让当事人自己感受到即将发生的事情"一片光明"。

普通人需要什么样的意愿才能变得卓有成效呢？他们需要付出什么样的努力呢？如果您愿意就这几点问题谈谈您的想法，我会非常高兴。

1995 年 1 月 9 日

有知识的人必须为自己的发展和定位承担责任

◎彼得·德鲁克

如何促成变革

请允许我简单介绍一下情况，因为照我看来，我们的许多读者并未意识到，您所问的这个问题，几十年前根本不会有人问。

对社会健康的关注由来已久。孔子就曾在作品里做过广泛的讨论。在西方，大约在同一时期，两位伟大的希腊哲学家——柏拉图和亚里士多德，也深入地讨论过。问题始终是这样：我们应该怎样重建社会？您的问题，"我们对变化该有什么样的预期""我们能让组织创造未来吗"以及"我们该怎样管理变革"都是新的问题。事实上，它们其实是过去40年里才新涌现出来的。至于您第一个有关个人的问题，则是全新的问题，我马上会对此进行解释。

"对变化的认知"改变了

这些问题如今在我们看来似乎是顺理成章的，这表明我们对社会和组织的看法与对生活现实的看法，出现了深刻的改变，不仅仅是我们能敏锐地意识到变化。这倒不稀罕。尽管我们生活在一个充满迅猛的巨大变化的时代，但在人类所有文明的过往历史上，一直充斥着同样迅猛、同样巨大的变化。人们现在普遍以为，现时的技术发展比从前快得多，但这基本上是一种错觉。

近年来没有任何一项技术的扩散速度比得上眼镜，这项发明来自13世纪晚期。眼镜用了50年从英国的牛津传播到法国阿维尼翁天主教教皇的朝廷，再传到埃及开罗苏丹的朝廷，最后传到中国皇帝的朝廷。活字印刷，1440年前后在德国被发明（或是"重新发明"），20年后传遍了整个欧洲，1500年之前印了大约50 000本书。20世纪的发明，没有一项的扩散速度比得上19世纪美国的三大发明：电灯泡、缝纫机和打字机。它们都只用了不到10年时间就传遍了全世界。

真正发生了深刻变化的，是我们对变化的认识。过去，人们总是把变化视为异常或例外，甚至是不应该发生的事情。社会和团体都是为了避免变化、维持问题而组织起来的。我们现在认识到，这是行不通的。社会和团体应当为了利用变化而进行组织。

第一个变化：社会流动性

从个人的角度来说，我们面临着一种全新的局面。在过去，询问一个人如何维持活力，维持自身成长、学习、变革的能力，都是毫无意义的。首先，迟至最近100年，几乎没人需要应对变化。大多数人一出生，经济和社会阶层就固定下来了。就算处在社会剧变的时候，如日本明治时代的最初20年，或者再早些的西欧，拿破仑战争之后的前30年，人的社会流动性也很少。所以，学习的需求也很少。农场上出生的孩子也会在农场上长大，等15岁的时候，他就掌握了做个农民应该知道的一切，足够度过余生了。就算需要技能，学徒在十八九岁的时候也能学到将来一辈子都够用的知识了。

但如今有两件紧密相连的事情发生了改变。其中之一是，现在的社会流动性，尤其是通过教育实现的社会流动性，非常庞大。这是以前从来没有过的事。明治时代的巨大成就是及时认识到教育是创造社会流动性的途径。明治时期的日本意识到，教育能让有能力的年轻人超越自己出生时的社会背景。那个时候，西方还没有几个国家意识到这一点，美国是例外。

第二个转变：知识胜过技能

同样重要的第二点事实是，在当今的社会和组织中，人们工作时越来越多地依靠知识，而不是技能。知识和技能存在一点根本性的区别——技能的变化非常非常缓慢。

就算在今天，京都的织锦工人，仍然是按照江户时代初期丝绸技术发明者的生产方法来工作。我的祖先1517年在荷兰阿姆斯特丹做起了印刷匠——"德鲁克"（drucker）在荷兰语里就是"印刷匠"的意思。他们的印刷厂存在了250年，延续到了18世纪中期。在此期间，印刷技术没有任何改变。我的祖辈12岁左右就在印刷车间里工作（当时的孩子在这个年纪开始工作是很正常的），到17岁的时候，就已经掌握了身为成功印刷匠该知道的一切。

可知识却是一种会随时改变的东西。知识很快就会过时。一如我在早前的对话中所说，知识工人每隔三四年就得重返学校，要不然很快就会遭到淘汰。

第三个变化:"重塑"的需要

第三点是,从前大部分人都活得不够长。85年前我刚出生的时候,即便在最先进的国家,人们的平均寿命也远低于50岁,而且,活到这个年纪的人也基本上不适合工作了。不管是在农场、手工作坊还是工厂工作,都会让人的身体和精神遭受莫大的损害。过了45岁还能全职工作的人寥寥无几。但人的寿命越来越长,工作寿命甚至变得比生物寿命还要长。一个世纪前,就算年轻人十几岁就开始干活,工作寿命也很难超过20或者25年。今天,我们觉得人理应工作上50年,根据所有发达国家的人口结构,要是人们的退休年纪早于70甚至75岁(只要他们精神和身体都健康,大多数人如今都可以干到这个岁数),我们根本没法维持下去。

这不仅意味着,人凭借早年掌握的知识、技能和经验,已经不足以应对现在生活和工作的需要。人在这么长的时间跨度里会不停地改变。他们会变成具有不同需求、不同能力、不同观点的不同的人,从而需要"自我重塑"。我故意使用了一个比"自我更新"更强烈的字眼。如果再探讨50年的工作寿命,我想,重塑自我会日益成为一种常态与规范。你必须从自己身上创造出一些不同的东西来,而不仅仅是寻找新的能量补给。

变化和连续性之间的平衡

所以,我认为,您提出的问题是根本性的问题,也是全新的问题。您的问题对我也有着特殊的意义。这些问题,几乎占据了我在整个职业生涯中的思考。

日本的钻石出版社最近出版了我过去50年文章的精选集，名为《生态愿景》。在这本书的最后一章中我从知识的角度写了一篇自传。我回忆了自己在60多年前的工作，以变化和连续性之间的平衡为着眼点。出于这种关注，我在10多年后研究管理。如您所知，我认为，管理就是社会在变化和连续之间保持动态均衡关系的特殊器官。没有这种均衡，社会、组织和个体都会走向灭亡。

所以，您的问题对我来说具有非凡的意义，对如今生活、工作的每一个人，尤其是在发达社会工作、生活的每一个人同样具有非凡的意义，因为他们所在的社会、他们所效力的组织还有他们自己的工作和生活，都处在重大转型期。

自我更新

您的问题问到个人，尤其是将知识运用到工作中的个人，如何才能变得卓有成效，以及这样一个人该如何在一段充满变化的工作与生活时期保持高效。

既然这个问题涉及个人，那么从我自己开始谈起似乎比较合适。请允许我在这里讲一讲自己生活里的七条经验，它们教给我如何保持高效，保持成长、变化的能力，变得成熟，却又不为过去所困。

德鲁克的七条经验

我不到18岁就读完了高中，离开了在奥地利维也纳的家乡，到德国汉堡一家棉花出口公司当上了实习生。我父亲不怎么高兴。很长时间以来，我们全家干的都是公务员、教授、律师和医生这类的工作。所以，他希望我能去全职读大学，但我厌倦了当学生，想去工作。为了安抚父亲，我到汉堡大学法律系注了册，但我自己其实并不太当真。在1927年那遥远的岁月，在奥地利和德国上大学用不着随时上课，只需要在登记簿上让教授签名就行了。而得到教授的签名，不上课也行。只要给教务处的听差塞上一笔小费，他自然会弄来教授的签名。因为大学并没有开晚上的课，我白天又得上班。所以，在汉堡的一年半，我从来没在大学上过一堂课。即便如此，人们仍然认为我是一个很得体的大学生。

现在的人当然觉得这很奇怪，但在从前那些宽松的日子算不上什么怪事。我在前面说过，凡是有高中文凭的人，都能顺理成章地升入任何一所大学。为了拿到大学学位，你只需要每年缴纳少许学费，等四年过后，参加结业考试就行了。

在出口公司当实习生 实习生的工作极其无聊，我学到的知识几近于无。我早上7点半上班，下午4点下班，星期六中午12点下班。所以，我有很多空闲时间。周末，我常和另外两个实习生（都来自奥地利，只是在另外的公司上班）去汉堡美丽的郊外徒步，在对学生免费的青年旅馆过夜。每个星期，我有5天夜里都泡在汉堡著名的城市图书馆，这家图书馆就挨着我的办公室。这里鼓励大学生多借书，想借多少本就借多少本。有15个月，我不停地读啊读啊读，德语书、英语书和法语书，我全都读。

第一条经验：威尔第教给我的　　后来，我每个星期去看一次歌剧。当时，汉堡歌剧院是世界上最著名的一家歌剧院（现在仍然是）。实习生挣的钱很少，但歌剧对大学生免费。只要在歌剧开演前 1 小时到场就行了。演出开始前 10 分钟，尚未卖出票的廉价座位会免费派发给大学生。一天晚上，我去听 19 世纪意大利伟大作曲家朱塞佩·威尔第（Giuseppe Verdi）的一部歌剧——那是他 1893 年创作的最后一部歌剧，名叫《法斯塔夫》（*Falstaff*）。这部歌剧如今已经成为威尔第最受欢迎的一出作品，但 65 年前，它很少上演。歌手和观众都认为它太难了。我却完全被它征服。我在音乐之城维也纳长大，受过良好的音乐教育。我听过许多的歌剧，但像这样的作品却从未听过。我永远忘不了那天晚上《法斯塔夫》给我留下的深刻印象。

"追求完美"：目标和愿景　　我做了一番研究，惊讶地发现，这出充满欢乐、充满对生活热爱、有着难以置信活力的歌剧，竟然是一位 80 岁的老人创作出来的！对当时年仅 18 岁的我来说，80 岁是一个难于想象的年纪。我甚至不认识任何一个年纪这么大的人。当时人们的预期寿命才 50 岁，哪怕健康人也就能活这么久，80 岁真的不是什么常见的岁数。后来，我读到了威尔第自己写的文章，有人问他，像他这样一位名人，到了这么大的年纪，又已经被视为 19 世纪最重要的歌剧作曲家，为什么还要承担繁重的工作，创作这样一出要求极其苛刻的歌剧呢？"身为音乐家，"威尔第写道，"我一辈子都在追求完美，可完美总是躲着我。所以，我有责任一次次地尝试下去。"

我永远忘不了这些话——它们给我留下了不可磨灭的印象。威尔第，还在我那个年纪（18岁）就已经是一位老练的音乐家了。我当时对自己未来的发展毫无头绪，只知道自己恐怕当不上成功的棉纺织品出口商了。18岁那年，我跟所有18岁的青年一样天真幼稚、不成熟。我一直到15年后，30岁出头，才真正知道自己擅长什么，属于哪一个领域。不过我当时打定主意，不管我这辈子会干什么工作，威尔第的话都将是我的指北星。我还决定，如果我能活到很大的岁数，我也不会放弃，而要继续前行。与此同时，我还要力求完美，哪怕有一点很清楚：完美永不可及。

第二条经验：菲迪亚斯所授 大约在同一时期，仍然是我在汉堡当实习生那段时间，我读到一篇文章，让我体会到什么才是"完美"。这是一个关于古希腊最伟大的雕刻家菲迪亚斯的故事。公元前440年，他接受委托，在雅典的帕台农神庙的屋顶上修筑雕像，2 400年后的今天，这些雕像仍然伫立在那里。如今，它们已经成为西方传统中公认的伟大雕塑作品。当时的人也对雕像赞声一片，可菲迪亚斯把所花费用呈交上去的时候，雅典城邦的会计却拒绝付款。"这些雕像，"会计说，"伫立在神庙的屋顶上，而神庙则修在雅典最高的山上。人们只能看到雕像的正面。可你向我们提交的费用却是全身像，也就是说，连雕像的后背也计了费。但没人看得到它们的后背。"

"天上的神祇看得到" "你错了，"菲迪亚斯反驳说，"天上的神祇看得到。"我记得，我读到这篇文章的时候，正是听完《法斯塔夫》之后不久，它深深触动了我。我没能始终对它奉行不渝。我做过许多但愿神祇不会注意到的事，但我知道，人必须力争完美，哪怕只有"神祇"

看得到。

每当人们问我，我认为自己哪本书最好，我总会笑着回答："下一本。"我没有半点开玩笑的意思。我的意思，跟威尔第回答"为追求永远无法企及的完美，80岁仍在写歌剧"时一样。虽说我现在的年纪比威尔第写《法斯塔夫》时还要大，我仍然想着再写两本书，而且，我希望这两本书都比我之前的任何一部作品都更好，更重要，更臻于卓越。

当上了记者 几年后，我搬到了德国的法兰克福，在那儿的一家经纪公司实习。之后，纽约股票市场在1929年10月崩盘，经纪公司破产，我则在20岁生日那天，被法兰克福的一家最大报纸聘为金融和外事撰稿人。我继续在大学里报名修读法律，因为当时，在欧洲不同的大学间转学很容易。我对法律还是没多大兴趣，但一直记着威尔第和菲迪亚斯教给我的功课。记者要写许多主题的文章，所以，我决定对各学科尽量多做了解，做个称职的记者。

第三条经验：发展自己的学习方法 我工作的报纸是下午出刊。我们早上6点开始工作，下午2点一刻完工，最后一版付印。于是我开始强迫自己下午和晚上学习国际关系和国际法律、社会和法律制度史、世界通史、金融，等等。渐渐，我发展出一套知识体系，我对它不断进行扩充。每隔三四年，我会挑选一门新科目，可能是统计学，可能是中世纪史，可能是日本艺术或者经济学。3年的学习绝对不够掌握一门学科，但可以实现基本的理解。所以，60多年来，我一直在定期学习新的学科。它不光带给了我大量的知识储备，还强迫我打开眼界投入新学科、新方法——我所学习的每一门学科，都建立在不同的理论假设上，使用不同的研究方法。

第四条经验：报社主编所教 在这个保持智力活跃、不断成长的漫长故事里，下一条经验来自报社主编，他是当时欧洲的一位顶尖新闻记者。编辑部里都是很年轻的人。我22岁就成了3名助理主编之一。究其原因，倒不在于我特别优秀。事实上，我从未成为一流的日报记者。但是，1930年前后的欧洲，应该坐在这些位置上的人，即35岁上下的人，所剩无几。他们都在第一次世界大战里战死了。就算是极为重要的职位，也只能由像我这样的年轻人顶上了。这种情形，跟我在太平洋战争结束10年后（20世纪50年代中后期）第一次到日本时所见差不多。

报社主编当时大约50岁，呕心沥血地培养、磨炼这支年轻的记者队伍。他每个星期都会和每个人讨论我们完成的工作。每年两次，一次在新年之后，一次在6月暑假开始之前，我们会花一个星期六的下午和整个星期天讨论过去6个月完成的工作。主编总会从我们做得很好的事情谈起，接着，进入到我们努力想要做好的事情。接下来，他会回顾我们做得还不够努力的事情。最后，他会严厉批评我们做得糟糕以及没能做到的事情。会议的最后2小时，我们要对未来6个月的工作进行安排：我们应该集中精力做哪些事情？哪些事情应该有所改善？哪些是我们每个人都需要学习的事情？一个星期后，我们每个人都得向主编提交此后6个月的工作和学习计划。

我很喜欢这个过程，只不过，离开报社之后我就全忘了。

年中回顾 几乎10年后，已经到了美国，我才回想起来。当时是20世纪40年代初，我在一家重要教学机构成了资深教授，开始了自己的咨询实践，并出版一些作品。这时我想起了法兰克福主编教给我的东西。从那时起，我每年夏天会留出两个星期回顾自己前一年的工作，先从我做得好但还应该、还能够做得更好的事情入手，逐渐来到我做得糟糕或是应该做但没做到的事情。我会确定我咨询、写作和教学工作的首要任务分别是什么。

我从来没能真正完全按照每年8月定好的计划做，但它强迫我坚持威尔第"哪怕不可企及，仍然力求完美"的信条。

第五条经验：高级合伙人所教　几年后，我学到了另一条经验。1933年，我从德国法兰克福迁往英国伦敦，起初在一家大型保险公司做证券分析师，一年后，到了一家发展迅速的私人银行，在那里当上了公司的经济师以及3名高级合伙人的执行秘书。其中一位是公司创始人，70来岁；另外两位30多岁。起初我只替两位比较年轻的先生做事，但到公司3个多月之后，创始人把我叫进办公室说："你刚来时我对你不怎么看好，现在仍然不怎么看好。但你比我想象中还笨太多了，你真的不该这么笨。"因为两位年轻的合伙人每天都把我夸上天，我一听这话着实傻了眼。

在新岗位上保持高效的必要条件　接着，老先生说："我明白你在保险公司做证券分析做得很好，但如果我们还想要你做证券分析工作，我们就会让你留在那儿。你现在是合伙人的执行秘书，可你却还在继续做证券分析。要在新岗位上发挥出效力，你现在应该做些什么呢？"我当时气坏了，但我仍然意识到老先生说得没错。之后我彻底改变了自己的行为方式和工作内容。从那时起，每当我调到新的工作岗位，我就问自己：要在新的岗位上发挥效力，我现在需要做些什么呢？每一次的答案都不一样。

我现在做企业顾问已经 50 年了。我曾与许多组织和国家共事。在所有的组织里，我所见的最大的人力资源浪费就是晋升后未能适应。晋升到了新岗位上的能人，能真正获得成功的并不多，反而有不少遭遇了彻头彻尾的失败。更多的人既不成功也不失败，而是成了平庸之辈。只有很少人能成功。

为什么突然不称职了　本来在 10 年、15 年里都称职胜任的人，怎么突然就变得不称职了呢？就我所考察的所有案例，原因都出在人们犯了我 60 年前在伦敦那家银行里出的错误。他们在新岗位上继续做着从前旧岗位上干得成功、为自己带来了晋升的事情。他们变得不称职，不是因为他们自己不称职，而是因为他们在做错误的事情。

成功的条件　多年来，我养成了一个习惯，我总是会问我客户里真正卓有成效的人士（尤其是大型组织里卓有成效的管理者），他们的高效来自何处。几乎每一回，他们都告诉我说，他们的成功要归功于多年前的一位上司，这个人做的事情的，就像伦敦那位老先生对我做的一样：强迫我仔细思考新岗位的要求。没有人是自己发现这一点的——至少，从我的经验来看是这样的。你需要有人教你。人一旦学会了这一点，就永远也不会忘记，之后，几乎毫无例外地能在新岗位上取得成功。不需要什么卓越的知识、卓越的才能，只需要全力关注新岗位的新要求，即新挑战、新工作、新任务最关键的要点。

第六条经验：由耶稣会士和加尔文派教士所教　又过了好几年，大概是1945年前后（在我1937年从英国搬到美国之后），我为自己选了一门为期三年的研究课题：欧洲早期现代史，尤其是15世纪和16世纪。我发现，欧洲有两家机构（南方天主教的耶稣会和北方新教的加尔文教会）在此期间成为欧洲的主导势力。这两家机构的成功都源于同一种方法。它们均成立于1536年，并从一开始就采用了相同的学习纪律。

写到纸上的重要性 每当耶稣会教士或加尔文派教士要做重要的事情，比如做出关键决策，他就会把事先预料的结果写下来。9个月之后，他会将实际结果与事先预料的结果相比较。这立刻就能说明他什么地方做得好，他的强项是什么。这同时还表明他还需要学习哪些事情，有哪些习惯必须加以改变。最后，这还能说明他有哪些不擅长做、做不好的事情。50年来，我一直遵循这套方法。它指明了人的优势在哪里，这对人获得自知之明是最重要的事情。此外，它指出有哪些地方需要改进，需要怎样的改进。最后，它又指明人有哪些能力不及的地方，有哪些不应当尝试去做的事情。知道自己的强项、知道如何改进，又知道自己在哪些方面力有不逮——这些都是不断学习的关键所在。

第七条经验：熊彼特所教 说完这一条经验，我个人发展的故事就说完了。1949年的圣诞节，我刚开始在纽约大学教授管理课程。我父亲，73岁，从加利福尼亚赶来探望我们。几年前，他从当地退休。新年刚过完，那是1950年1月3日，我和父亲一起去探望他的老朋友，著名经济学家约瑟夫·熊彼特。我的父亲已经退休了，但当时名满天下的熊彼特，66岁，仍在哈佛大学执教，在美国经济学会的主席职位上也非常活跃。

1902 年，我父亲是奥地利财政部一名年轻的公务员，但也在大学里执教经济学。他逐渐认识了熊彼特，后者当时才 19 岁，是最才华横溢的年轻学生。这两个人差别之大，叫人几乎无法想象：熊彼特精力旺盛、傲慢自负、刻薄伤人；我父亲则安静克制、谦虚礼貌，甚至到了有点自闭的程度。尽管如此，两人还是很快成了朋友，交情一直挺好。

到 1949 年，熊彼特成了一个非常不同的人。这年他 66 岁，是他在哈佛执教的最后一年，名声达到最高峰。两位老人一起度过了美好的时光，回忆往昔岁月。两人都在奥地利长大，也在那儿开始工作，并最终来到了美国，熊彼特 1932 年到美国，我父亲是 4 年后到的。冷不丁，我父亲笑了起来，问熊彼特："约瑟夫，你还记得从前说起'自己最希望被人记得是什么人'的事儿吗？"熊彼特大笑起来，连我都被感染了。熊彼特 30 来岁时说过一句名言。当时他已经出版了自己最初的两部经济学巨著，正是踌躇满志之时，于是放出狂言，说自己最希望被人记得的是"欧洲漂亮姑娘们最棒的情人、欧洲最了不起的骑士，有可能还是全世界最伟大的经济学家"。熊彼特说："没错，这个问题对我仍很重要，只是我现在有不同的答案了。"

他一定看到了我父亲脸上吃惊的表情，因为他继续说："你知道，阿道夫，到我现在这个年纪，已经明白光是被人记得写过几本书、提出过一些理论，还远远不够。除非他给别人的生活带去了不同，要不然，这个人的生活也没有什么特别之处。"我父亲去看望熊彼特的原因之一，是他听说熊彼特病得很重，活不了太久了。我们拜访熊彼特 5 天以后，大师便去世了。

我从来没有忘记那次谈话。我从中学到了3件事情。首先，人必须自问，最希望被人记住的是什么地方。其次，人应当随着年纪增长有所改变，不光是变得更成熟，也要随着世界的改变而改变。最后，为别人的生活带去不同，是一件值得被铭记的事情。

成功者学到了同样的事情

我讲这个长长的故事，原因很简单。所有我认识的长时间保持高效的人，都曾经学到过跟我类似的事情。不管是高效的企业管理者还是学者，不管是一流的军人还是一流的医生，或者教师、艺术家，都适用这一点。身为咨询顾问，我曾跟许多企业、政府、大学、医院、歌剧院、交响乐团、博物馆合作，在此过程中，每当我跟人共事，我总能找出这个人成功的奥妙。对方无一例外地对我讲述过跟我类似的故事。

做几件简单的事情

因此，"人，尤其是从事知识工作的人，该如何保持效力"这个问题的答案是："做几件非常简单的事情就可以了。"

第一件事是拥有威尔第在《法斯塔夫》中赋予我的那种目标或愿景。不停奋斗，意味着人走向成熟，而非老化。

第二件事是，我发现保持效力的人会像菲迪亚斯那样看待自己的工作：神祇看得见。他们不愿意随随便便地完成工作。他们尊重自己工作的完整性。事实上，他们尊重自己。

第三件事是，这些人都有一个共同点：他们在岁月里养成了不断学习的习惯。他们或许不像我那样,在 60 多年里每隔三四年就学习一门新科目,但他们不断尝试。他们并不满足于昨天所做的事情。最起码,他们对自己的要求是:不管做什么,都要做得更好。更多的时候,他们要求自己用不同的方式来做得更好。

保持活力、不断成长的人还时常回顾自己工作的绩效。我发现,有越来越多的人开始做 16 世纪耶稣会士和加尔文派教士最初想到的事情。他们把自己行动和决定的结果记录下来,将之与自己的期待对比。很快,他们就知道自己的强项是什么,知道自己该怎么改进、调整和学习。最后,他们知道了自己不擅长做的事情,故此也就知道了该放手让别人去做的环节。

每当我让一位卓有成效的人讲一讲能解释他们成功的经历,我总是一遍又一遍地听说,在他们换了工作、岗位、任务的时候,有位过世很久的老师或上级激励、教导了他们,要他们彻底思考自己新工作、新岗位、新任务的要求是什么。而这些要求,跟他们从前从事的工作和任务完全不同。

为自己的发展和定位负责

所有这些做法背后最重要的一点是,个人,尤其是从事知识工作、努力保持效率、不断成长和改变的个人,必须对自己的发展和定位负责。

这可能是一个最新颖的结论,同时也可能是一个最难在日本适用的结论。当今的组织,不管是企业还是政府机构,都建立在这样的假设之上：组织负责个人的定位，提供个人所需的经验和挑战。据我所知，这方面最合适的例子就是日本大型企业典型的人事部，或是它所仿效的原型——传统军队的人事部。我知道，传统日本人事部门的员工再负责不过了。可我想，他们必须学着改变。他们不能光顾着做决策，更必须成为老师、教练、顾问和参谋。我深信，知识工人的个人发展和定位之责，必须由当事人来承担。每个人都应该负责任地扪心自问：我现在需要什么样的工作岗位？我现在有资格从事什么样的工作？我现在需要具备什么样的经验，掌握什么样的知识和技能？当然，这些决策也不能从个人的角度出发来做，还必须根据组织的需求来思考，根据对当事人优势、能力和技巧的外部整体评价来拿捏。

个人发展的责任必须要成为自我发展的责任；个人定位的责任，必须成为自我定位的责任。如若不然，知识工人不可能在漫长的工作年限中保持高效和生产力，并不断成长和发展。

1995 年 1 月 12 日

企业高管能影响人们的生活

◎ 中内功

您在回信中描述了个人的经验。这些经验道出了您多年来活跃在第一线的一些奥秘，您不断自我提高的动力，让我深感钦佩。

您说，依照以下 5 条简单的原则，人人都能达到同样的结果：①设定目标；②以自己的工作为荣，认真对待；③争取每天不断学习；④对自己部分工作进行自我评估，发现自己的强项；⑤勤勤勉勉地适应新工作、新角色和新职责。这些当然是很容易应用到实践当中的原则，简单而有价值。可要一直保持内在的动力就很不容易了，它需要耐心和努力。您多年来能够坚持这些原则，本身就是您足以自豪的地方。

从普通人的角度看，您的观点考虑周全又很严格。不过，这种严格是对工业化国家公民提出的要求，因为这些民众要肩负起对整个世界的责任。近些年来，尽管私营企业赞成改革，公司员工却很少思考自己能做些什么造福社会。员工愈发期待公司照顾他们的生活，满足于"只要正确地按照吩咐行事，一切都会好起来"的念头。您的话，对这些人来说确实很刺耳。我们每个人都必须记住您的话："个人，尤其是从事知识工作、努力保持效率、不断成长和改变的个人，必须对自己的发展和定位负责。"

高管的责任

德鲁克教授，正如您指出，我们不能只依靠人事培训和学习项目来重塑普通员工。唯一的途径是向他们灌输自我责任感。一段时间以来，我已经感觉到了此话不假。您的意见给我带来一种"正大光明"的感觉，坚定了我的决心。如您所说，为了让每一位员工意识到自我责任的意义，人事部官员必须摆脱决策者的立场，为每一位员工扮演私人导师、职业发展顾问、咨询师和辅导员等角色。

再次阅读您的来信，我意识到了您对分寸拿捏得当。您一方面呼吁普通员工付出更大的努力，另一方面又不忘提醒企业高管的责任，一如您父亲和熊彼特之间的对话所述。

您引用熊彼特的话说,"除非他给别人的生活带去了不同,要不然,这个人的生活也没有什么特别之处"。我对这句话的理解是这样:除非企业高管能够给别人的生活带去不同,要不然就配不上这个称呼。对那些认为自己光是管理者的大公司高管而言,熊彼特的话值得深思。高管(executive)不仅仅是管理者。他必须是个受过良好教育的人,能够管理组织变革,让企业实现持续稳定。从这个意义上说,要成为高管并始终留在高管职位上,人不光要依靠公司,更要承担起自己持续学习和发展的责任,就和普通员工一样。就像威尔第80岁高龄仍然写歌剧,不懈追求完美一样;就像雕塑家菲迪亚斯知道"神祇"能看得见别人看不到的地方一样;就像您自己一样,我们必须在自己所做的每一件事上力争完美。

中内功的经验

我必须说,读了您的回信,我意识到,身为企业高管,我也必须争取实现这一目标,因为除此之外别无选择。您的经历也促使我回首过去的生活,反思自己的想法和言行。

我做企业管理者的经历,当然不像您那样辉煌,但其主要特点仍然是不断学习。

1957年9月23日,我盯着夏天挥之不去的闷热,在大阪的千林开了我的第一家商店,出售药品、化妆品、罐装和瓶装食品以及各种日用品。这家97平方米的小店,就是大荣的第一家门店。千林是大阪在二战期间少数几处躲过了战争破坏的地方之一，到20世纪50年代末，很快转型成了大型购物区。新开的大荣门店坐落在这一商业区的中央，就在火车站的前面。

尽管位置优越，这里此前经营的买卖全都不怎么成功，土地业主开始考虑把房子改成仓库。在筹备期看到大荣门店的路人，个个摇头不语。等到临近开张的日子，谣言纷起，说我们的商店会以超低价格吸引本地居民和车站往来旅客。我们用报纸的插页公布开业的消息，罗列产品名录，但并不提供价格信息。这一策略对我们日后的成功贡献很大。

开业第一天，顾客汹涌而至。第一天的销售额达到了28万日元，远远超出了我们先前算好的6万日元保本底线。门店的全体13名员工累得筋疲力尽，但对当天的销售势头兴奋不已。

询问客户的需求　但我们的狂喜没能持续很久。第4天就有竞争对手在隔壁开张，我们的日销售额跌到了2万日元左右。我们想尽办法吸引顾客，比如在店门口挂宣传单，但无济于事。人们又一次开始说，这个地方开任何商店最终都躲不过失败的命运。我们大范围地询问顾客来到店里想要看到什么样的产品。而这么做带来的结果是，我们决定在店门口摆放糖果。

虽然如今很难想象，但当时的日本十分贫困，缺少娱乐和消遣活动。在那些日子，到有电视机（当然是黑白电视机）的朋友家去，边看节目边吃糖，几乎是人们唯一的娱乐活动。我们通过调查了解到了这一点，认为糖果一定好卖。我们决定在店门口卖糖果，并采用当时按重量销售的常见做法。

事实证明，这次尝试效果极佳。每天店里都人满为患，但按重量销售的方法速度很慢，带来了新的问题：顾客高峰期我们根本没法应付。员工想尽办法加速销售过程，比如，闭店之后，他们会练习怎样将标准重量的糖果装进口袋，即便如此，还是无法满足需求。

些许创新　显然，为解决这一情况，我们需要某种革命性的新技术。左思右想，我们冷不丁找到了答案：可以把糖果称量好，预先放进食品塑料袋——那时候食品塑料袋才刚问世。这打破了传统的惯例。预包装的时代降临了。

当时，采用按重量购买的主要原因是方便顾客试吃。顾客可以先免费试试糖果的味道，再真正购买。他们对预先包装好的糖果感到不太放心，担心糖果的口感和味道跟样品不一样。有些人甚至拒绝购买我们这种没法试吃、"没有味道"的预包装糖果。因此，我们向顾客做出保证：不满意可退货退款。我们希望顾客相信我们不卖伪劣商品。有人说，预包装的糖果很快会被偷掉，但我们对顾客有信心。我们相信顾客不会做小偷小摸占小便宜的事情，所以，如果买卖真的做砸了，一定是因为我们没能赢得顾客的信任。事实上，要是我们无法赢得顾客的信任，买卖做砸是理所当然的。我们认为，如果顾客真的想要我们提供的商品，他们会接受我们采用的方法，始终支持我们。

事实证明，我们革命性的销售技巧赢得了全日本顾客的信赖和支持。开业6个月内，大荣的日销售额已超过了100万日元，从而否定了之前人们认为这个地区做生意没法成功的想法。

在神户三宫开了新店　大荣的第二家门店于 1958 年 12 月 2 日在神

户的三宫区开业，三宫是我小时候长大的地方，在最近的大地震中遭受了极大的冲击。三宫门店的开业，距离千林门店开业仅有1年。

开张之前，我们只印了一份单张宣传页做广告。好在我们的名气已经从大阪传到了神户，全城人都听说有一家价格超级便宜的商店要开张了。

当时的三宫是个破败的地区，简陋的棚户和户外酒摊、便宜食档挤在一起，这些店铺都主要是针对白天上班的工人的。妇女和儿童白天很少来这儿，晚上更不必说。可大荣公司的新门店却让妇女提着购物篮到三宫街头来找便宜货了。打从第一天起，店里从早上10点到晚上8点都挤满了购物者。工作人员完全没空休息。他们只能轮流冲到最近的面摊匆匆吃顿午饭，因为没时间等座位，还只能站着吃。

因为三宫门店太过火爆，我们决定搬到100米开外的一栋两层木结构建筑里去营业，那儿的建筑面积有现址的2倍。新店于1959年4月25日开始交易，这时离之前的门店开业才5个月。这里成了大荣公司来年的活动焦点，也是我们连锁店扩张所迈出的第一步。新店里荧光灯和自助柜台展示吸引了顾客，虽然自助服务如今已成业内标准，但在当时极具革命性。

39日元的牛肉　最能吸引顾客，也叫顾客真正吃惊的东西是我们提供39日元100克的牛肉。凭借这一特殊的商品，人们都知道大荣是个买肉食品的好地方。我永远忘不了它。

20世纪50年代末，日本终于逐渐恢复元气，人们又一次吃得起像样的饭菜了。国家终于起飞，按照1960年池田勇人政府提出的收入翻番计划，向先进的大众消费型社会前进。这种氛围令人们对牛肉的需求不断提升，在此之前，牛肉一直被视为奢侈之物。

鉴于这些变化，我清楚地看出，牛肉将在日本消费者的饮食模式中扮演越来越重要的角色。我着手挑战一项公认的观点：只有专业卖场可以卖牛肉，每百克60日元。我们的牛肉只卖39日元。此举引发了惊人的反响。肉食柜台每天都人头涌动，我们不得已在相邻的地方安排临时的牛肉柜台，满足顾客的需求。

供应被停 附近的肉贩做出了反击：强迫我们的批发供应商不再跟我们合作。结果销量锐减，我们陷入了亏损。我们甚至试着采购牲畜，花钱请人宰杀和清理，但亏损仍很严重。为了挽留顾客对我们的信心，摆脱僵局，我们需要寻找不同的途径获得大量牛肉，好让我们继续廉价贩售。人们开始说大荣玩完了，但我却决心顶上去硬干。我向所有的批发商自我介绍，请他们卖肉给我们，但我的努力徒劳无功，毫无疑问，批发商受到了肉铺的压力，他们没一个搭理我的。

最后，我终于碰到一个批发商愿意把肉卖给"人人都在谈论的大荣公司"。我如同是在地狱里碰到了天使！其后的谈判是在冰库里进行的，冰库里的温度在零下二三十度。7头牛倒挂着悬在我面前，我签下了它们的买入合同。这位批发商为了和我做生意，已经做好了放弃8家熟客的打算。他伸出的援助之手帮助大荣度过了危机，我们肉食柜台的销量重新攀升。

随着销量增加，我们到鹿儿岛、冲绳，甚至澳大利亚等遥远的地方去收购牛肉，在此过程中也调整了我们的销售方法。

销售袋装肉 当时，标准的一对一卖肉方式，是根据顾客的要求把肉切下来。我们则首次在日本推出了肉食品自助销售。因为 1964 年时设备和材料（如自助服务所需的天平和托盘）不足，销售袋装肉比一对一地向顾客销售更耗时，此外，顾客对袋装肉的质量也深表怀疑。

但我知道，自助服务有着低廉的人工成本，是以低成本供应大批量高品质肉食的唯一途径。我们把刚加入公司的新员工送到夏威夷，在国内外比较、尝试不同的销售技术。在这些人的影响下，我们肉食柜台也发生了变化，慢慢地，顾客打消了对袋装肉的怀疑，自助服务开始普及。这个过程不断发展，到现在，个体肉摊已经很罕见。我相信，在我们年轻工作人员的努力下，再加上大荣公司发挥的影响力，开启了自助肉食销售的转型之路。如今全日本的商店都采用自助方式卖肉。

橙汁和低价策略　我在这里想讨论另一次新近发生的经历。1992 年，日本开放了橙汁进口，大荣公司推出了自己品牌的橙汁，卖点是没有对橙汁的物理成分做任何添加和改变。我们通过以低价销售现有产品，创造出了一种新产品。

说起来似乎难以想象，1992 年的橙汁，一升包装的要 3 美元以上，而且是作为特殊饮料（比如在家里招待客人所用）来营销的。可在零售店进行的问卷调查显示，日本消费者认为橙汁只是一种和牛奶差不多的普通饮料而已。我们认为，橙汁的成本如能降到和牛奶（在日本每升低于 2 美元）一样，就能满足消费者的需求，让他们每天早餐时都能喝一杯橙汁。为了实现这一目标，我们重新评估了所有相关费用，从进口的原材料一直到最终加工。如果能从巴西进口低价原料，在少数几家大厂进行大批量的集中加工，生产及流通成本就能降下来。用大荣的品牌来销售，推广宣传费用也能降低。

这么做的结果是，大荣橙汁的售价比市面上同类产品低30%～40%。大荣橙汁大受消费者欢迎，销售量远超目标水平。现有的国内品牌只好降价，媒体称我们的橙汁是日本橙汁"价格崩盘"的始作俑者。就我个人而言，我并非想实现暴力"崩盘"，我们只是尽量满足消费者需求而已。从这个意义上看，可以毫不夸张地说，我们的橙汁是改变了日本经济结构的革命性产品。

第一课："创新意味着放弃惯例"

德鲁克教授，听了您的亲身经历，我也回顾了自己的创业历程，我总结出3条重要的教训。

首先，创新意味着告别传统智慧，从底层全面审视自己现有的工作。千林门店的袋装糖果、三宫门店的低价牛肉和随后出现的袋装肉食，这些都违背了当时约定俗成的惯例。但最终，消费者给了我们压倒性的支持，我们得以奠定大荣今日的基础。

同样，我们通过彻底改革现有流程，削减成本，寻找新的原材料供应商，采取全新制造方法，实现了"让低价橙汁出现在人们早餐桌上"的愿景。

我的经验说明，若受传统智慧坚硬的外壳所束缚，人就无法进行创新；而且，创新不是什么崇高的理想，而是一种可以靠微小改变触发的东西。

在视察大荣各门店期间，我常常感觉：如今洋溢着创新精神的员工越来越少了。大荣不是唯一丧失创新氛围的组织。正如您在信中指出的，这是所有日本大企业的共同问题。为了解决问题，涌现出许多关于企业管理的书籍，但我相信，最重要的是让人们自己亲身体验创新。出于这个原因，我希望有尽量多的大荣员工和其他人读到我在这封信里探讨的经验，重新认识创新的重要性，认识到哪怕是最微小的变化也能触发创新。我衷心希望，这能打动更多的年轻人自己去体验、实践创新。

第二课：从消费者角度看问题的重要性

我学到的第二件事，是始终从消费者、从大众的角度看问题，这非常重要。

把糖果预先装袋，是为了适合当时普通日本人生活方式而采取的应急策略。如果我们仅满足于做一家百货店，不考虑您所说的非消费者，只为生病的人提供服务（这是一个极端有限的市场），那么我们很可能会放弃和竞争对手斗争，丧失企业优势，最终陷入破产。大荣通过倾听消费者心声，集中精力做好糖果生意（这是大多数人日常生活的中心环节），并以廉价预包装的方式提供糖果，逃脱了这一命运。同样道理，靠着顾客的全力支持，在货源中断后，我们仍然想方设法地实现了牛肉的低价供应：39日元100克。正是靠着顾客的支持，我才走进批发商的店铺，找到了一位愿意帮助我的批发商，并在冰库低于零度的环境下完成了谈判。

在日本泡沫经济的巅峰期，有许多人猜测，所谓的"大众消费"已经消失了。然而，橙汁的经验表明，仍然有很多产品能赢得大众的支持。这为大荣带来了一个巨大的机遇。

第三课：企业理念和持续学习

最后，我意识到，要像您强调的那样，把持续学习整合到工作流程中，这也非常重要。回想起来，我相信，我的经验表明，这是企业高管必需的一部分素质。

在我们的三宫门店，我想将我们的企业理念——"更好的产品，更低的价格，为顾客提供丰裕的生活方式"应用到肉食销售上，并告诉年轻的员工，要据此评估肉食业务。靠着他们的努力学习和借鉴，以及融合创新理念的决心，我们成功地改造了肉食柜台，推出了自助式经营模式。这表明，如果我们希望为组织和员工带去活力，必须从一开始就阐明企业理念，并鼓励员工广泛学习，把自己的创新想法和建议融合到日常工作中，与企业理念保持一致。当然，企业高管有责任创造鼓励普通员工持续学习、应用创新观点和提议的氛围。

德鲁克教授，我的经验当然不足以与您相提并论。不过，我相信，我所选择的道路，我和员工们抛洒的汗水和泪水，造就了今天的我。消费者的支持比其他任何东西都更能赋予我坚持的力量，促使我将大荣建设成大型的企业集团。只要消费者还在，大荣就会继续不懈努力，满足他们的期待。"不断努力，变得更好"是我们的使命。为了实现这一点，我向您承诺，我要加倍努力地持续学习和发展，让我所做的业务决策越来越好。

1995 年 2 月 25 日

第7章 | CHAPTER 7

重 塑 企 业

如何设计能够重振公司的组织结构
◎中内功

企业的责任

经常有人说，随着新近信息技术的发展，尤其是在美国企业内部，员工能在遥远的地方通过电子邮件直接和高层管理人员对话。此外，人们还说，这样的企业采用了扁平化、网络化的组织结构，而不是传统的垂直等级结构，外包如今在日本也成了商业中很自然的组成部分。

一如日本大众媒体和许多智囊团的解释，随着组织扁平发展和业务外包越来越常见，不再需要垂直等级组织里的中层管理者了。然而，中层管理者也都是一个个活生生的男男女女，哪怕不再需要他们，我们也不能随随便便把他们裁员了事。相反，企业高管有责任为这些人提供机会。这种情况显然让公司陷入了左右为难的境地。随着组织扁平化和外包成为普遍实践，有可能在不进行大规模裁员的前提下继续为中层管理人员提供良好的机会吗？您在《生态远景》的"利润幻觉"一章中称："创造足以弥补当今就业成本的利润，是企业的社会经济责任。"企业应该怎么做才能承担这样的责任呢？

如果您能举几个具体的例子，说明如何设计便于管理、能创造利润、涵盖就业成本、以向未来投资为目的的组织模式，我会不胜感激。

1995年1月9日

没有高效的企业使命宣言，就没有良好的绩效

◎彼得·德鲁克

企业的短暂生命周期

组织是人类创造出来的，正因为此，组织既不可能永不犯错，也不可能永垂不朽。在所有的组织里，企业最容易犯错，寿命也最为短暂。按照定义来看，较之社会里其他各类大型组织，只有企业是不断变化的。其他所有的组织结构基本上是为了保持稳定、不断延续而搭建的。只有商业企业是为了利用和创造经济及社会中的变化而建立的。这样一来，按照定义来看，企业的风险就比其他大型组织要高得多。这也意味着，如果管理得当，企业越快实现其目的，也就会比其他各种机构越快失效，甚至消失。人类所有的机构都需要在延续和变革之间实现平衡，

但在企业里，这种挑战无时不在。

其他各种重要组织也需要改革，只不过不需要太过频繁地改变。举例来说，现代大学出现于200多年前的1809年，由拿破仑在战争动荡中创办的柏林大学奠基。近200年来，大学基本上保持不变。我们这里添添，那里补补，基本上就够用了。我们建立了新的附加机构，如技术大学和商学院，但我们并未从根本上改变大学的设计。只有到了200年后的今天，才有必要再次思考大学的目的是什么，它的使命是什么，它应该采用什么样的结构，等等。

政府改革的必要性

政府也需要改变。事实上，若欠缺改革能力，政府就会腐化。2600年前古代雅典人撰写了第一部宪法之后，迄今已有数以百计的宪法问世。可这些宪法的存活都没能维持多久，最长也不过三四十年。美国宪法延续至今已有200年，这在历史上从未有过先例。它的延续，多亏了开国元勋们在宪法中明确规定了修改宪法的条款，又设立了最高法院（这个机构就是专门为了让宪法根据社会、经济和技术进行改革而设计的）。不过，到了现在，美利坚合众国首次根据成文宪法立国200年以后，我们需要对政府未来的功能进行彻底思考。我们将在稍后的对话中详细讨论这一点。

成功的代价

只有极少数的企业能够对自己赖以生存的根本概念不做重大调整、

重新思考，就蓬勃发展5～7年。当然，例外也是有的，但极为罕见。企业不对自己建立的根本理念和假设进行挑战，就延续了几十年，这绝对不是什么好事。中国古谚云："将欲取之，必先予之。"商业史充分证明了这句古语的智慧。

凭借一条基本理论延续了100多年的企业，只有区区几家。全能银行（universal bank，1870年前后几乎同时出现于德国和日本）和三菱财阀（二战之后改头换面为"企业集团"）算是其中两例。但如今这两家组织赖以维系的概念都陷入了危机，效力迅速丧失。

在美国，20世纪最成功的4家企业分别是，贝尔电话公司（Bell Telephone System，即AT&T），在全世界所有大型通信公司里，只有它基本上保持了私人所有的状态，并未收归国有；西尔斯－罗巴克（Sears Roebuck），是近半个世纪以来全世界上最成功的零售商；通用汽车和IBM。贝尔电话公司构思、设计于1910年前后，那时候，它的前身正濒临破产；西尔斯－罗巴克，是20世纪20年代初设计的，后来逐渐主宰了美国的零售行业；通用汽车公司也基本上出现于同一时代。IBM是在二战结束后设计出来的。70多年来，贝尔电话公司别无所求，只是不断发展，一步步走向成功。50多年来，西尔斯和通用汽车别无所求，只是不断发展，一步步走向成功。40多年来，IBM同样别无所求，只是不断发展，一步步走向成功。这4家公司看起来都不可一世，可到了该它们改变的时候，它们却办不到，做不出。它们被自己的成功所累。

《财富》500 强企业

能够数十年不受挑战的企业是很罕见的。绝大多数的企业，不管有多成功，都需要尽快彻底反思自己成立时的基本理念。此外，绝大多数的企业随即便会发现，自己几乎无法改变。经历了 10 年的持续成功，仍保留了变革能力、维持了效力的企业，是少数派。这类的企业可能不会消失，但很可能沦为"陪跑选手"，远远落在后面。

40 多年来，美国《财富》杂志每年都会公布一份全美最顶尖 500 家企业的清单。在这 40 多年里，最初上榜的 1/3 的企业彻底消失了，不是因为被清算、兼并，就是因为变成了微不足道的小企业。另有 1/3 的企业则被挤出了榜单，也就是说，从大企业变成了相对较小的公司。只有 1/3 的企业仍然留在了榜单里，故此，也就在美国经济中给自己留下了一席之地。

持续成功带来的威胁

每一家能够 40 多年来持续繁荣的公司，都曾从根本上进行过改变。然而，过去 40 年却是美国经济和世界经济连续繁荣的时代。

企业需要的不仅仅是克服逆境的能力，同样重要的还有利用机会的能力，但连续成功带来的自满，却对这种能力产生着威胁。

以一家汽车公司为例

最合适的例子来自最近。其一便是全世界最成功的汽车公司未能预见到美国汽车买家的消费偏好转向了运动型多功能车（SUV）、微型面包车和皮卡,对这一商机的利用更无从谈起。㊀ 通用汽车本来能成为最大的受益者。

这一轮消费趋势变化始于 20 世纪 80 年代,当时,通用汽车在这类车型上有着最佳的设计、最佳的市场信誉、最低的生产成本,可它就是白白错过了市场。当时的人们认为运动型多功能车、微型面包车和皮卡车不属于"乘用车",汽车销售榜每月统计的数据里也不包括它们。因此,15 年前,通用汽车公司的高层管理人员中,没有一个意识到这种"非乘用车"是市场增长点。

不过,丰田和日产也同样错过了这个机会。到 20 世纪 80 年代后期,日本制造的汽车已经成为美国市场的领先者,也是质量的标准。一切看起来不可挑战。同样是因为运动型多功能车、微型面包车和皮卡车不属于"乘用车",和通用汽车公司一样,日本人也错过了美国汽车市场的这一轮变动。

两家实力较弱的美国汽车公司,福特和克莱斯勒,把握住了这一机会。20 世纪 80 年代中期,这两家公司看起来似乎完全不是日本的丰田、日产,以及规模大得多的通用汽车的对手。顺便说一下,这也解释了为什么过去 5 年里,通用汽车、丰田和日产都未能在美国市场上增加份额,反而节节败退。尽管这 3 家公司现时在市场上都推出了合适的产品,但它们仍然在稳步丢失美国汽车市场上的份额。更重要的一点是,它们可能还逐渐失去了自己的领导地位。

㊀ 这里指 20 世纪 80 年代的消费偏好变化,目前的消费趋势已经再次发生了逆转。——译者注

故此，不足为奇，现在的管理书籍愈发关注对变革的管理以及企业的重振。而这类主题里的第一本作品，大概要算我 1964 年出版的《为成果而管理》吧。

企业使命及其重要性

只不过，从管理变革着手并不合适。首先应该实现对连续性的管理。每一家企业都需要在连续和变革间实现平衡，这必须从确立根本方向开始，也就是说，从企业的连续性开始。为了让企业卓有成效，确实需要以变革为契机，但这反过来要求企业必须有着明确的使命。当前对变革管理的讨论往往漏掉了这一点。企业没有使命，也就是不具有连续性，那就只能漫无方向地随波逐流。

使命宣言的作用

中内功先生说，大荣公司的使命就是"到 2010 年，让商品的价格减半"。这是一个听起来很简单的使命宣言。所有高效的使命宣言都是如此。然而，和所有高效的使命宣言一样，它同时对行动发出了呼吁，而不光是表达善良的意图。它告诉公司的员工，他们的价值是什么，以及对公司、对他们自己的工作而言，效力意味着什么。和所有高效的使命宣言一样，它让每一名员工专注于自己的工作，而不是光想着共同的目标，它把一盘散沙般的员工凝聚成了一支团队。换句话说，没有高效的使命宣言，就没有优秀的绩效。

一如大荣公司的例子，高效的使命宣言不是财务目标宣言。实现财务目标，靠的是良好的绩效。使命宣言则是要表达企业有意为社会、经济和客户做出的贡献。它必须表明商业企业是社会性机构、要产生社会效益的事实。

财务结果不是目的

从财务方面表达企业目的的使命宣言注定无法带来凝聚力和奉献精神，它无法为员工创造出愿景，故而也就无法使员工努力工作实现企业的目标。

有一句话（我想，或许可以追溯到古罗马时代）是这么说的："人吃饭是为了活着，但活着不是为了吃饭。"同样道理，企业必须有令人满意的财务业绩才能活着，否则就无法生存，更无法做好自己的工作。然而，企业的存在不仅仅是为了财务业绩。财务业绩，本身不足以充当企业的目标，也不是企业存在的理由和原因。

具竞争力的生活成本

每一条高效的企业宣言都隐含着对企业运营现实的清晰假设。我以为，大荣公司企业宣言暗含的一条假设是：这是一个越发走向全球化的世界。这也就意味着，一方面，日本，为了保持竞争力，生活成本不能比其他发达国家高。在任何经济体里，最重要的成本都不是工资，而是工资能够买到的东西，即生活成本。在这方面，一如中内功先生您多年前所指出的，当今的日本没什么竞争力。因此，大荣公司使命宣言隐含的基本假设是：日本的生活成本必须变得具有竞争力，而这就是大荣公司努力想要实现的目标。您在谈起"流通革命"时就表达了这个意思。

无国界的世界这一现实还有另一点隐含意义，那就是大荣公司以及与其竞争的所有其他零售商（不管来自日本还是美国），都能够也必须提供物美价廉的商品。这也显然意味着对日本当前的局面发起挑战。

真正的商户

最后，大荣公司的宣言，和所有高效的使命宣言一样，阐明了企业为达成使命所必须具备的核心竞争力。它必须是一家真正优秀的商户——商户不仅仅意味着卖东西，更要为客户买单。

将变化转为机遇的能力

我之所以这么详尽地讨论大荣的使命宣言，出于一个简单的理由：很少有商人真正理解清晰的使命宣言的重要性和含义。然而，若非有这种清晰的宣言，就不可能管理变革；若非有这种清晰的宣言，企业高管就无法将变化（不管是经济、技术还是社会的变化）转为商业契机。但管理要迎接的最终考验就是这种能力。最终考验不在于能否生存下去，能否把变革视为威胁来进行应对；管理的最终考验是有能力让变化为企业的使命服务，将变化当作机遇。

欢迎变革

要做到这一点，首先要求能够有组织地放弃一部分业务。也就是说，要让企业，不管规模有多大，都保持精益、灵活、渴求新事物的状态。今天人们经常爱说克服"变革阻力"。可要利用变革，企业必须欢迎变革。企业必须把变革视为常态，不能把它看作令人担心的异常现象，需要竭力避免。换句话说，企业必须创新。这就要求企业进行系统化的组织，摒弃陈腐过时的东西，摆脱不管用的东西，不管它们最初对企业曾具有多大的吸引力；要把资源，尤其是胜任的人力资源，集中到机遇上，而不是将之浪费在过时的问题上；要团结合作为了明天而发展，不能一味躺在昨天的业绩上。

有组织的放弃

保持企业活力和效力的第一点要求，是制定一套系统性的政策，每隔三四年，定期针对每一项产品和服务、每一条政策和流程提出如下问题：如果我们以前没这么做过，那么，按照我们现在掌握的情况，我们会这么做吗？光回答"是的"远远不够。更多的时候会是"是的，但我们现在已经学到了一些新的东西，可以用不同的方式来做了"。也有很多时候，答案会是"我们不会再这么做"。这时候就会有人问："现在我们怎么做呢？"也许企业这时候需要对业务、产品和服务进行重新定位，也许需要重新设计，也许需要放弃它们。但除非企业奉行有组织放弃的纪律，否则它就不可能应对新事物。

"公司致命五宗罪"

没有有组织地放弃政策，企业会始终把资源投入到问题中，机遇却得不到足够的养分。这是我所谓"公司致命五宗罪"的第一条——还有更多的企业把五宗罪统统犯了个遍。然而，为了保持高效、管理变革与机遇，其他的四宗罪（第二宗到第五宗）也必须避免。第二宗罪在美国特别普遍，欧洲企业犯的也不少，那就是崇拜高利润率和"溢价（定价）"（premium pricing）。这只会叫竞争对手占便宜。接下来，第三宗罪是，按照"市场能够承受的水平"给新产品或新服务定价，而不是按照能创造最大需求、满足最多客户的水平定价。归根结底，给产品定错了价格，只会让竞争对手占便宜。根据自身成本，而不是价格驱动的成本定价，是第四宗罪，也是企业的致命之罪。一家卓有成效的公司必须从市场最优价格着手，往回推算产品或服务应该保持多高的成本，才能以该价格出售。顺便说一下，这是日本人过去 10~15 年里教给我们美国和欧洲企业的一条经验。受价格驱动的成本，在很大程度上决定了日本人在西方所取得的成功。最后，第五宗罪，也是一宗常见之罪：在昨天的祭坛上扼杀明天的机遇。IBM 衰落的潜在原因就出在这宗罪上，它忽视新兴个人电脑的发展，一味强调对趋于衰落的老产品（大型计算机）的维护。

有组织的创新制度

当然，要保持高效，有能力把变革用作契机，企业光是不犯错还不够。它必须将有组织创新纳入自身的制度，它必须系统性地寻找内外变革。10 年前，我曾在《创新与企业家精神》中用相当的篇幅讨论了这么做的方法。靠着系统性地寻找内外变化，时刻自问"这种变化是机遇吗"，企业能够获取并维持领先地位，走在竞争前列。变化既可能蕴藏在意外的成功里，也可能躲在意想不到的失败里。变化有可能藏在人口统计情况里。大荣公司赖以发展的许多变化，就来自世界经济、信息和世界政治的根本性变化。变化可能来自技术，大荣的成功创新同样利用了这个领域的机会。最重要的是，要系统化地寻找机会，要渗透到整个组织中，这也意味着，要将之纳入组织的人事和奖励政策中。

使命的概念

当然，这只是粗略勾勒了一个非常宏大的课题，但应该足以表明我们知道维持企业生命力的方法。它不在于企业如何应对变化，而在于企业不断自我更新，以变革作为契机。不过，我再重复一下，只有企业管理好连续性，在此基础上就有着清晰的企业使命观，明确企业对社会及经济的目的，这些做法才能发挥作用。

1995 年 1 月 12 日

公司存在的原因，就是把学会的知识立刻付诸行动，为社会做贡献

◎中内功

我对您的如下论点尤其感兴趣：您认为，根据现有成本确定价格（这是制造及其他行业迄今仍死守着不放的一条原则）是私营企业致命的五宗罪之一。相反，您主张，要根据客户接受的价格倒推计算必要的成

本。我很高兴地注意到，这跟大荣自成立以来就采用的方法完全一致：顾客决定价格。

您对大荣简单的经营理念（"更好的产品，更低的价格，为顾客提供丰裕的生活方式""目标是价格减半"）赞许有加（"这是注定要带来成绩的管理理念"），我也非常感激。

您回答说，为了让企业卓有成效，需要具备将社会变革视为契机的能力。您其后对大荣管理理念的评价非常准确。

大荣的企业理想（"更好的产品，更低的价格，为顾客提供丰裕的生活方式"）自公司成立以来从未改变。公司这样说，也不折不扣地这样做。

为了让员工真正理解顾客的需求，将所得结果立刻转化为行动，我们需要一套连续的培训项目。不断学习，立刻将学到的知识付诸现实，为社会做贡献，是大荣立业之根本。

遗憾的是，我最近偶然产生了一种感觉，这么说或许更恰当：这曾经是大荣立业之根本。"价格减半"不仅仅是大荣的重要原则，也代表了一个具体的目标。一如您所指出，它为行动提供了动力。"价格减半"的目标呼吁所有员工站在顾客的角度，本着理性和现实性，思考该如何达成这一目标。出于这个原因，我说，如果我们采取行动，"价格将减半"；而不是说，"我们要把价格减半"。

1995 年 2 月 25 日

CHAPTER 8 | 第 8 章

重塑社会

将组织转化为有益于社会的实体，能够防止社会倒退
◎ 中内功

先进国家的命运

许多伟人和历史经济学家都曾对资本主义的命运做出过惨淡的预言。具体而言，亚当·斯密认为需求会饱和，劳动力大军会萎缩；卡尔·马克思认为工人阶级会和资本主义分道扬镳；凯恩斯认为将出现持久失业；熊彼特说文化将走向退化和终结。每当我想到这些观点向我们传达的隐藏含义，我便相信，日本，以及所有先进国家，会重蹈罗马帝国命运的覆辙，盛极而衰。

然而，我们这些发达国家里负责任的企业管理者，必须阻止世界真正落入与罗马帝国一样的下场。我想，管理和创新就是我们的关键防

火墙。

简单地说，就像您在《后资本主义社会》一书中指出，运用知识持续创新，通过管理提高知识生产力，就有可能将组织的所有成员变成社会的奉献者，把组织变成以造福社会为目标的社会实体。我相信，要让发达国家免于衰落和倒退，这是唯一有效、可行的方法，也是企业管理者有责任完成的首要任务。

企业和非营利组织

如果我们顺着这一点继续用逻辑往下推理，那么，企业既然只有造福社会、充当社会实体这一个目标，就必然越来越接近非营利组织。未来，对不具备非营利组织概念的公司来说，存在的意义会急剧弱化。不过，在日本，非营利组织的概念尚未建立起来，该用什么样的模式来建立这一概念也还并不清楚。特别是，日本纯粹私人非营利组织还处于襁褓之中，根本没能进入发展阶段。

您在多本作品中都曾无数次地论述过您对这些主题的观点。要求您再一次解释用创新来阻止社会倒退的重要性，我完全明白这有多么乏味。但我相信这对日本企业高管是极为重要的。日本企业高管尽管一贯精益求精，却苦于经济衰退而变得只顾着往后看。这对年轻人也很重要，年轻人必须着眼于未来，稳扎稳打地做好变革准备。您的《生态远景》一书，为这些年轻人提供了未来的愿景。思念及此，我希望您从避免世界重蹈罗马覆辙的角度，谈一谈您的观点，也就是站在创新和管理的角度上，企业能从非营利组织那里借鉴些什么。

1995 年 1 月 9 日

重建社会需要整个社会的参与

◎彼得·德鲁克

罗马帝国的崩溃

尊敬的中内功先生，您问"为避免罗马帝国的命运（社会大幅倒退，野蛮人毫无阻力地将之颠覆），社会能够怎样做、必须怎么做。"

是什么原因令罗马社会内部崩溃瓦解的呢？这是一个古老的问题，几个世纪之前就有人提出过。西方一些最优秀的思想家长久以来也在思考答案。这的确是一个令人费解的问题。在250～300年期间，也就是从基督诞生后第一世纪的奥古斯都时代直到公元4世纪，罗马帝国似乎都是当时世界上最稳定、最和平的政治体系。很多历史学家认为，人类历史上从未有过这么长的和平、繁荣和安定时期（持有这一观点的人似乎从没听说过日本的德川时代）。就在野蛮人攻克罗马帝国之前的一个世纪，罗马社会才刚刚投入了基督教的怀抱，辉煌华丽地重振了活力。就在蛮族到来的那一刻，罗马的知识生活还极富成就：在5世纪的第一个10年里，罗马的哲学家和神学家将基督教精神与古希腊的遗产，尤其是柏拉图思想结合起来，为西方文明奠定了基础。可当野蛮人突破了帝国的军事防线时，帝国大部分地区的人口却对他们表示了默许，甚至欢迎。很多人都努力想要解释这个奇特的现象，每个历史学家都有一套不同的说法。只可惜，没有一个结论能令人完全信服。

奥斯曼帝国的崩溃

奥斯曼帝国的情况也一样。公元1600年前后，它正处在盛世，社会充满活力，文明程度绝不亚于罗马。可一个世纪之后，当它面对新的挑战，尤其是现代欧洲伴随文艺复兴和宗教改革所诞生的新观念的挑战，奥斯曼社会土崩瓦解。有200多年的时间，奥斯曼帝国靠着军事力量维持了政治凝聚力，就像罗马帝国也曾凭借军事力量维持政治凝聚力一样。但奥斯曼社会迅速丧失了正常的功能，再也没能重整旗鼓。

阿诺德·汤因比的哲学

通过这些现象，历史哲学家们（近些年来最值得关注的是19世纪的瑞士人雅各布·布克哈特（Jakob Burckhardt）以及20世纪的英国人阿诺德·汤因比（Arnold Toynbee））得出的结论是：文明和社会有"天然的"生命周期，就跟人类的年龄一样，它不可避免地走向老化，这个过程无法逆转，也无法停止。

如果我们接受这一理念，那么，要求社会做点什么、重新振作起来就没有什么道理了。这时候，恰当的问题应该是：我们如今正处在社会生命周期的什么阶段呢？对这个问题的回答，可能不会太过乐观。毫无疑问，发达世界的各个社会都处在严重的压力和紧绷状态下。从许多方面看，信息之于当今社会，或许就如同野蛮人之于罗马帝国。它瓦解了现有的传统社群关系，即家庭、小城镇和亲属构成的人际网络。

明治时代的启示

美国哲学家布鲁克斯·亚当斯（Brooks Adams）在20世纪初提出了"文明和衰退的规律"（Law of Civilization and Decay）。但有一个社会的情况与之格格不入，那就是日本的明治时代。在明治时代，日本的古老社会面临内部解体、外敌入侵的威胁，却成功地重新振作起来。希望您能允许我从明治时代发生的事情来着手回答您的问题：社会怎样自我重振？

60年来，我一直在问这个问题。1934年，我还很年轻，在伦敦一家银行工作，非常偶然地初次接触了日本艺术。因为我不懂日文，必须靠翻译，所以交流并不顺畅。但我看得出来，当时的人们，不管是在日本还是在西方，都对日本经历的独特性和重要性少有认识。日本历史学家似乎并未意识到，明治时代是历史的一个特例。就算到了最近，西方仍很少关注日本，对您的国家基本上知之甚少。故此，我的解释完全是靠自己得出来的，对历史知识的研究并不彻底。

文人已经造就了明治时代

不过，在我看来，有一点是比较有说服力的：早在明治时代正式到来的100年前，文人业已创造了新的日本。西方的思想、技术和制度，只不过是实现崭新日本文明和社会的工具而已，但这一崭新的日本文明和社会，早在京都文艺复兴时期（我会说，它在1770～1810年间达到了顶峰），就由日本文人靠着他们的生活、工作、价值观和信仰建立起来了。在100多年的时间里，文人文化一直处于隐秘状态，并未成为正统。可一旦正统文化崩溃（崩溃的原因，既在于内部的腐烂，也在于外部的压力），文人文化就顺利接手，创造出了崭新的日本。

显然，要说清我的意思，得用很长的篇幅，远远超过了我们这里的通信长度，也远远超出了我的知识范畴。不过，这里有几个例子可以聊作示意。

文人倡导的教育

德川社会等级森严，至少在理论上，它拒绝任何的社会流动性。但日本文人却不知道什么是阶级界限。他们完全任人唯贤，也就是说，个人的地位只取决于他的知识和艺术成就（画家、作家或历史学家等）。德川幕府坚守来自中国的传统观念：教育是"士大夫"的特权。文人则相信全民教育。在19世纪的最初几年，文人已经在每一个大名的领地内建立了学堂，向所有合格的青少年开放。于是，等明治时代快到的时候，日本成了全世界文化程度最高的国家，识字率比当时任何一个欧洲国家都要高。这样一来，明治时代才能立刻聚拢一大批受过教育、识字的国民，要不然，明治维新就不可能成功。明治时代的任何一个伟大人物，都曾经是某个杰出文人学者的弟子，或者至少受过一流文人的指点——这绝非偶然现象。日本文人也留下了宝贵的遗产：日本有着一流的私人创办的大学（除美国之外，这是日本独此一家的特点），如庆应义塾大学、早稻田大学和一桥大学（一桥大学现为政府大学，但创办早年是私人机构）。这一遗产，令明治时代的日本在各个领域（政府部门、司法界、医学界、技术界和商界等）都涌现出了受过良好教育的领袖人物。

文人是"社会角色"

我之所以强调这一点，是因为文人并非官员。恰恰相反，他们最初开始工作的时候，德川幕府的很多人都投之以怀疑的目光，甚至与之敌对。早期的许多文人领袖还因为缺乏正统地位遭到迫害。文人们构成的学者、作家和艺术家圈子，我们今天称之为"非营利组织"。文人学校在很长时间里都是完全私营的。日本文人基本上没有政治色彩——江户时代末期，德川幕府的监督警察横行，稍微沾染上政治色彩，无异于自寻死路。他们完全脱离政府，毫无官方地位。他们是"社会部门"，而不是"公共部门"。

正如我所说，日本是"文明和衰落规律"的例外。而日本江户末期最与众不同的特点，就是文人，以及他们所创造的"非营利社会部门"。我所读到的大部分有关文人的论述，都谈的是他们的艺术家身份，比如画家或书法家一类。但文人运动是一场真正的文艺复兴，它接纳了各个领域的知识与学科：数学、历史（尤其是日本历史）、哲学、医学，等等。换句话说，日本文人创造并代表的价值观渗透到了日本的整个社会中，进而演变成了日本社会。这些价值观，是建立明治时代的基础。有了这一基础，明治时代才能以西方的制度和实践为工具，重振日本社会。

重建社会

至少对我而言，明治时代的故事带来的启示是：要重振社会，就需要一个社会部门以个人绩效为基础，怀着对社会的关注（也就是站在价值观的基础上）来重建社会。而这个社会部门，必须是与政府无关的组织。

1995 年 1 月 12 日

通过在社会领域中从事志愿工作，重新获得公民意识

◎彼得·德鲁克

我将在后面的对话中讨论，政府能够做好哪些事情，将成为未来10年有关政治、政府和政治学的一个中心问题。这个问题争议性极大，证据又摇摆不定。

有一件事情是政府做不到的，对此没有太大的疑问。政府不擅长社会工作与社区任务。可二战以来，所有西方政府都在进行这方面的尝试，一般结果都糟糕透顶。

在所有发达国家的政府中，只有日本政府基本上抵挡住了承担社会、社群工作的诱惑。这在很大程度上解释了，为什么所有发达国家中只有日本政府仍颇受尊重，维持了相当的效力——比任何西方国家政府都要好得多。

政府资源当然是完成社会任务的主要财政来源。事实上，政府为社会任务提供财政支持的作用应该加强。政府也会继续负责为社会部门的绩效制定标准，尤其是在政府买单的那些领域。但在所有发达国家，尤其是西方的发达国家，人们对政府自己大包大揽社会任务的做法逐渐失

去信心。仅仅 30 年前，人们还普遍认为政府能够也应当将民众需求的所有社会任务都承担起来——这股风潮的最高点，大概出现在美国肯尼迪政府任内。而现在，才过去 30 年，得到了广泛群众支持的强大组织（比如共和党，他们刚刚赢下了 1994 年的国会选举）反而相信：政府自身不应该承担任何社会任务。

但社会问题始终摆在那里，社会任务也一样不少。置身如今这样的重大转型时期，社会问题和社会任务数量越来越多，性质也越来越严重。故此，我们需要一个非政府的社会部门。

企业的角色

这里，我说的是"非政府"，而不是"非营利"。在很大的程度上，只有商业组织有资格满足社会和社区的需求。

我所知道的最好的例子是二战后企业解决了日本的一个核心社会问题：一方面，社会需要保持边缘化的小型零售商（夫妻店），另一方面，经济又需要高效的流通体系，两者产生了矛盾。40 年前我初次到访日本的时候，人人都知道日本的流通落后之极，不光贵得出奇，还完全不适合现代经济。可小型夫妻店却发挥着一项当时绝对必要的社会功能。那就是日本社会的"社会安全网"。每当要解释为什么日本需要这样一套用高昂价格给国家和全国消费者带来沉重负担的流通系统，人们通常会做出上述解释（尽管这理由不见得完全站得住脚）。可很快，新的经销商把低效的夫妻店变成了连锁店，使之成为一个有利可图的商机，解决了这个社会问题。新的流通系统既提供了不亚于世界任何国家的高效率,又保留了夫妻店的社会功能。

把社会问题和社会挑战转变成有利可图的商业机会,是解决社会领域问题的理想方案。

社会部门的作用

不过,这种方法不见得任何时候都具备可行性。对绝大多数社会和社区问题,我们需要社会机构,我称之为"社会部门"。通常情况下,它们也叫"非营利组织"。人们通常以为它们代表了"慈善"。可这些机构的资金来源,越来越远离"慈善"性的自愿捐款;它们充当政府的承包商,由政府提供资金,或靠收取费用来维持。

社会机构充当政府承包商,通过政府获得资金,这方面的一个例子是学券制。据说,这是解决美国目前公立学校表现不佳的一个途径。采用学券制的话,要是家长对所在社区公立学校的绩效不满意,就可以把孩子送到私立学校去;孩子在公立学校上学要花政府多少钱,"学券"就把多少钱付给私立学校。另一个例子是,美国和日本的私立医院都会从本国医疗保险系统所得的税金里获得补偿。

但"非营利"这个说法名不副实。事实上,这些机构是依法运营获得利润,还是依法经营从事非营利活动,区别并不大。

过去30年,许多美国医院,尤其是大型医院,都已经转变成了以营利为目的的公司。但它对来就诊的患者、为医院效力的医生或是医院员工来说毫无区别;不管医院的运营是不是为了利润,它都完全依照相同的方式开展运作。

社会机构的宗旨

这些所谓非营利社会机构的特点在于它们的成立宗旨。政府要求民众的顺服。企业销售商品或服务。社会机构以改变人为宗旨。医院的宗旨不是"让顾客满意",而是要治愈病人。学校的宗旨不是"让顾客满意",而是教学生足够的知识,成为一个不同的人,过上不同的生活,走上不同的事业道路。美国的各类健康研究协会(比如美国心脏协会、美国癌症协会等)的宗旨,是预防或治疗致命疾病。它们在过去50年来的医学进步中发挥了主导作用。童子军这类社区组织,则以向年轻人灌输自律、规范、自尊、目标和技能等为宗旨。最古老的社会机构,即教会等宗教组织,其宗旨甚至不仅限于"现世生活",而是要造就人,让他的现世和来世生活都发生深刻改变。

管理

因为社会机构的宗旨是改变人,改变人类社会(政府是不能妥善做好这些工作的)。但也正因为这个原因,这些工作也不适合由企业承担,而需要由一些有着不同价值观和目标的机构来承担。这些机构必须具备跟企业或政府机构一样完善的管理。事实上,这些机构甚至需要更好的管理,因为,和企业不一样,它们没有财务上的经营底线,因而它们需要跟企业完全不同的管理。

恢复公民意识

在当今的发达国家,这些机构还履行着另一种同样重要的职责:重建社区，并凭借社区的振兴，造就卓有成效的公民。

过去 100 年，尤其是最近 50 年，各地的传统社区都走向了解体。20 世纪初，大多数人，即便置身最发达的国家，也住在村庄这一类传统的社区。家人是当时唯一有效的社会单位。而现在，即便人们仍然生活在农村环境，也并不生活在"村庄"里了。信息和通信把每一座村庄都变成了世界的一部分。就算是在最小的村子，如今的人也更加认同自己的工作与自己的职业，并不看重自己为当地社区所做的事情。

家庭的变化

正因为家庭不再像 100 年前那样是生存必需品，对我们大多数人而言，它也不再是占主导地位的社区形式了。往好了说，家庭带来了爱、亲情和幸福；往坏了说，家庭也是一种负担。举个例子，我的奶奶知道自己每一个堂表亲戚住在哪儿，在干什么（大家加起来足有 30 来号人）。而我只大概知道跟我血缘最近的堂表兄妹的情况，至于他们的孩子在干什么，我完全没有头绪。他们住得都太远了。

乡镇的变化

在我们的世界里，在哪儿出生，就在哪儿过一辈子的人越来越少了（我的曾祖母倒是这样，她 1920 年过世，活了差不多 100 岁）。对当今受过良好教育的人来说，传统社区不再充当核心纽带了。可人们仍然需要社区。

新社区

在美国，志愿为社会组织效力，越来越多地成了融入社区的一种方式。和传统社区不同，社会组织是自愿结成的社区，可以加入，也可以离开。它是真正的社区。

有一个例子（在很多方面，也是我能想起来的最佳案例）是美国快速发展的基督教会。发达国家存在一个日益严峻的问题，那就是受过高等教育的年轻人与家长之间的鸿沟越来越大。前者读过大学，成了知识工人，担任着要职；后者则是典型的农民或蓝领工人。两者深爱对方，但却无法将自己的经验、问题或兴趣爱好与对方分享。这时候，教会充当了一种新型社区，把他们结合到一起。在教会里，他们有着共同的信仰，志愿替教会工作。这些工作既包括教会本身的工作（比如，组织青年团队或是替教会操持音乐），也包括教会在社区内的工作（如帮助酗酒者或吸毒者等）。

公民的含义

现代社会还有一种不断增长的需求，那就是提供一个能有效表达公民意识的领域，让个人能够真正为社区做出决策。我要强调，"公民"不是法律术语。它原本的意思是城市的一员，也就是社区内负责任的积极成员。在复杂的民族国家，哪怕是如瑞士这样的小国，也不可能照搬"公民"的原本含义。公民身份越来越多地只意味着两件事：偶尔投票、按时纳税。但要维持民主政权，这是远远不够的。这就解释了为什么个人与政治社会日益疏离。

社区能为我做什么

这就令人们的态度发生了转变，不再问"我能为社区做些什么"，而是问"社区能为我做些什么"。它让人对国家产生了依赖，就像中内功先生提出的问题暗示的那样，这是罗马帝国崩溃的一个重要原因。罗马帝国的所有自由民都是罗马公民。可他们的公民身份毫无意义。他们逐渐变得只认为帝国是自己的免费食物和利益之源，而不是一个为之做贡献以创造不同的社区。最后，他们甚至不再关心统治者是自己的罗马同胞，还是来自日耳曼的野蛮人。

在社会组织里，志愿者重新获得了公民身份。他们运营越来越多的组织，就像他们在美国迅速发展的教会组织里所做的一样。神职人员不再是"老板"，而是从事特殊工作的社区成员，其他的工作则主要由志愿者完成。童子军等社区组织也在朝着这个方向发展。

公民的含义

在美国，每两个成年人里就有一个（差不多9000万人），每周从事3~5小时的志愿工作。核心志愿工作者并非退休人士。高学历、富裕、年龄介于35~45岁的知识工人，尤其是双方都工作的夫妇，成了社会领域志愿劳动大军的骨干。每当有人问，他们本身的工作就够忙的了，还要照顾孩子，为什么还要从事志愿工作呢？他们会给出同样的答案："因为我在社会组织从事志愿工作的时候，我创造了不同。我成为公民。"

企业可以从中学到什么

这就是企业可以从社会组织中学到很多东西的主要原因。企业中的重要员工，正日益变成高学历、有知识的人。就算在以就业终身化为常态的国家（比如日本），有知识的人也有很强的流动性，他们自己也知道。为了吸引他们，挽留他们，企业必须将之视为"志愿者"。企业必须认为自己的员工主动想要留下来，主动想要有所贡献，否则，这些知识工人迟早都会流失。

将知识员工视为志愿者进行管理

因此，就必须把知识型员工当成志愿者那样来管理。非营利机构的志愿者，当然是不拿薪酬的。故此，他们不会因为一张支票而满足。基本上，非营利机构也不存在晋升，只有工作的升级：提出更高的要求，肩负更大的责任。故此，社会部门的非营利机构，必然要带给志愿者比为企业效力更大的满足感。从成功的非营利机构对知识型工人的管理方式当中，我们能够学到什么呢？

我们要学习的第一件事是，非营利机构里的志愿者（世界各地都一样），需要一个清晰而专注的使命。他们要求了解自己效力的机构正努力达成什么目标，他们还要求机构对结果负责，他们更要求自己对志愿工作负责。此外，他们越来越多地要求培训。

在美国（在欧洲也日益如此），志愿者还要求对自己的绩效进行评估。

与此同时，他们希望在组织的管理上拥有较大的发言权。他们要求至少能够大量地参与。企业必须学会所有这些事情，才能成功管理好知识型工人。

历史背景

社会机构在美国最为发达，这主要是历史造成的：美国的宗教组织，如教会等，不像欧洲各地那样靠纳税人支持。这些组织必须自己筹措自己。由于金钱十分紧张，它们必须从社区里动员志愿者来完成大部分的工作。在欧洲每一个国家，哪怕是最小的国家，国民都只从属于一家教派。所以，一国的领土之内不存在宗教派别之间的竞争。但是在美国，从欧洲人定居北美大陆的初期，宗教就呈多元化状态。这意味着，每一个宗教教派都必须培养挽留、吸引社区及义工的能力。

50年前，我以为商业企业将成为工业社会中的全新社区。20世纪20年代末到20世纪30年代初的欧洲让我确信：社会凝聚力和社区的崩溃，是极权主义（比如纳粹主义）兴起的基础——我在自己的第一本书，1938~1939年间出版的《经济人的末日》一书中做过解释。事实上，我对管理发生兴趣，不是因为我对商业有兴趣，当时我对商业还一无所知。

企业社区

我对管理发生兴趣是在1940年前后（恰在美国参战之前），因为我在大型商业企业身上看到了新型整合式社会机构。这也是我为什么要倡导就业安全、保障性年金制度，以及让自治社区负责工厂中生活及工作领域的社会事务（我在《工业人的未来》㊀一书中尤其主张这一观点，该书最初出版于二战期间的1943年）。

在西方，这些想法从来没有掀起过太大的共鸣。但日本却通过独立思考，朝着我所指出的方向走了很远。回想起来，有一点真是莫大的讽刺：就业稳定是二战期间日本军方为避免工人离岗强行推广的制度，还曾遭到工人们的强烈反对。可二战之后，就业稳定性和终身雇用制却成了奠定日本复兴和经济发展根基的社会契约。仅仅出于这个原因，我希望日本（哪怕身处我们现在所要经历的剧烈产业转型期）能够在雇主和员工之间维持对相互义务的基本承诺，让用人单位成为所有工人的利益共同体。

新组织

即便如此，有一点很清楚，工业社区做不到我50年前期待它做的事情了。对知识工人（他们一天天地成为劳动力大军中的最大群体和决定性力量）来说，用人单位不可能取代家庭和社区的地位。我希望，在未来几年里，日本的用人单位能够带给知识工人更多的意义，不像西方那样。因为在美国（类似的认识在欧洲也越来越多），知识工人逐渐认为就业单位只是实现自我目标的一种途径。故此，西方的用人单位必须学习激励知识工人专注于组织的目标和价值观，而不是纵容他们将组织的目标和价值观置于自身目标之下。日本同样会出现类似的发展趋势——因为这是知识本质上所固有的东西。所以，在日本，全新劳动力大军的核心力量，也就是受过高等教育的知识工人，需要建设自己的有意义

㊀ 本书已由机械工业出版社出版。

的，并且可供自由选择的社区。这一点非常重要。这种需求只可能靠社会性组织来满足。

这对日本意味着什么

日本和美国一样，属于宗教多元化状态，不同的教派都需要获得社区的支持，同时也需要为社会提供服务。明治时代将佛教和神道教的宗教团体都按欧洲模式转换成了国家机构。结果，宗教团体为社区服务的传统在日本就消失了。但原先的根基和需求都还在。日本的社会机构看起来肯定跟美国的很不一样，而日美的社会机构看起来又跟欧洲各国的不一样。社会部门跟政府或企业不一样，代表着一种文化的传统价值观。它代表的是当地社区的传统和价值观。但我想，未来二三十年日本一定能发展起一套有自身特色、充满活力的社会机构。

但最重要的是，日本为社会重振提供了一个例子：文人再造了僵化、停滞的德川社会，为一种非西方文化的成功现代化（明治维新）奠定了基础。

1995 年 1 月 12 日

每个人都必须按照自我奉献、自我约束和自我负责的原则努力影响、改变我们的社会

◎ 中内功

自我奉献、自我约束和自我负责

德鲁克教授，每当我想起西方历史，总会感叹日本缺乏公民意识概

念。西方国家通过革命，完成了从封建社会到民族国家的转变。人民通过努力，甚至牺牲个人生命，获得了自由，成为真正的公民。那些时代的男男女女意识到，人必须承担起指出所在组织问题的责任，才能获得自由和公民意识。故此，西方的公民责无旁贷地奉行自我奉献、自我约束和自我负责的原则。

相比之下，日本从封建社会直接变成大一统国家（monolithic state），没有经历过民族国家阶段。无一例外，人们没有时间培养公民意识的概念。"自由"的概念，是二战之后美国人引入日本的。所以，许多日本人相信（也经常体现在战后的政策中），自由是一种靠绝对权威保证并进行分配的东西，而不是通过个人的努力争取得来的东西。人们认为，自由来自上级的批准，但却没有意识到，自由同时还意味着国家公民要履行自我奉献、自我约束和自我负责的行为责任。所以，日本人民总爱站在自由公民的角度呼吁自由，但碰上事情出了岔子，就忘了自负其责，反而向政府寻求保护，还认为后者是公民天然的权利。行政改革推行了很长时间，终于让日本人民意识到了解除管制、进行结构改革的重要性。但每当我跟人探讨行政改革或解除管制的必要性，不同的行业和团体却都向我们公司写来抗议信、打电话、发起示威或散发宣传单，以示抗议。每一次，我都很悲哀地注意到，抗议者并不明白，解除管制造福整个社会，是高于个人利益的。

靠智慧来改变

正如您指出，人人都清楚地看到了政府的局限性。政府不能自称是人民社会的领导者，对人民施加统治。这适用于所有的发达国家，日本也不例外。政府不再具备能力，充当人民社会的领导者。现在，正是每一个日本人主张自己公民身份的时候。

我们需要的不是军火弹药，而是智慧。我们必须有尽量多的人利用自身的智慧去影响、改变社会和经济。如果结构改革迟迟无法开展，日本经济和社会未能预见到时代及世界趋势的变化，那么，我们就会遭到抛弃，成为弱者，街道上挤满失业大军，社会退化，国家崩坏。看看我们周围的世界就知道，国家的收入存在经济上的极限。政府显然不再是社会的领导者，不能靠善良慷慨来解决所有人的需求。面对这一事实，民众应该有所觉悟。

但这仅仅是第一步。世界已经朝着后资本主义社会发展，日本必须跟上这一潮流。事实上，日本别无选择，只能紧跟潮流。为实现这一目标，我们必须解除限制经济活动的法律法规，在日本建设真正的自由市场经济。如果我们保持现状，因为害怕所谓的产业空洞化拒绝进行结构改革，拒绝承认国际劳动分工的潜能，毫无保留地接受经济管制带来的代价，那么，随着全球经济的向前发展，日本经济会被抛在后面，遭到遗弃。这种"非赢"局面会导致经济衰退、社会贫困；由此而来的沉重负担，是一个全面走向老龄化的国家无法承受的。

不过，正如您所说，日本人民很聪明。我们完成了明治维新；我们不能束手就擒，让如此黯淡的未来压垮我们。我们必须做好准备成为公民，根据"自我奉献、自我约束和自我负责"的原则，努力满足发达社会的需求，从而影响、改变我们的社会。这必然是重振社会的唯一途径。

变革的种子：志愿者的奉献

这种变革的种子已经在日本显现出来了；我亲眼见证了这个过程的不断发展。在最近的地震中，志愿者为帮助灾民而辛勤工作。部分志愿者租用车辆把水和包装食品送入灾区；全国各地送来的赈灾物资如潮水般涌入兵库县办事处和神户市政厅，一些志愿者便负责对这些物资进行分类；还有一些人则为暂避在寒冷的公园和其他场所的灾民送去面食和其他热腾腾的饭菜。志愿者来自全国各地，完全出于个人意愿来提供竭尽所能的帮助。他们的奉献精神和自我组织意识都令人惊讶，也达到了我国前所未有的高度。

在日本，"志愿者"这个词往往与无私和美德联系在一起，这是因为志愿活动才刚刚开始，不同的人在观念和能力上也存在着很大的差异。重复劳动和数量不足以令志愿者工作沾染瑕疵。此外，志愿者工作给它原本想要帮助的人和地方带去的也不完全是好处。

但最近志愿者的救灾活动，真正的意义并不在于志愿工作这个概念的兴起，而在于有那么多人真正地前往灾区，使自己获得了真正的组织体验和实践体验。慢慢地，这种情况会改变志愿工作者和整个社会的性质。对日本人民来说，公民有组织的无私活动，是社会保持活力所不可或缺的成分。但一如您在信中指出的，要我们充分认识到公共机构的宗旨是改变人与社会这一点，还需要一段时间。我发现，我们还必须认识到自身的一种责任：为培养自我激励、渴望把社会变得更好的年轻人奠定基础。

您在《后资本主义社会》一书中指出，为员工注入这种使命感，把人变成奉献者，这是工业化国家企业高管的责任，也是管理的作用所在。

我永远不会忘记我从这次经历中所学到的一切。它再次坚定了我的决心，要成功地做好企业高管。

信息和当地社区

说到企业的原则，我相信，大荣可以从日本信息行业的先锋企业 Recruit 那里学到许多。1992 年 5 月，我们跟 Recruit 达成了合资协议，我出任了主席职位。媒体都很想知道，为什么我会接受一家卷入了重大丑闻、注定要在日本历史上留下恶名的公司的股份。我回答，这次的协议能让两家公司都开拓出新的业务领域。在这样的尝试下，Recruit 是最具吸引力的合作伙伴。

Recruit 是一家有着自由和宽容企业精神的年轻企业。他们的企业理念强调每名员工的个人能力，这在日本是很少见的。Recruit 的员工有很大的回旋余地用以展示自己的个人才华。年轻员工提出的创新想法和建议得到了积极地运用。他们鼓励员工运用自己的理解，确认消费者的信息需求，开发相应的信息服务。Recruit 给予员工充分的自由来表达个人观点、彰显个人潜力，这在业内是出了名的。

Recruit 意识到了您所描述的社区的重要性，最近出版了一本名为《生活信息 360°》的地方杂志。杂志提供大量有关当地服务的详细信息。就像一个见多识广的患难之交。《生活信息 360°》为读者提供各种重要日常问题的解答，比如当地夜校的地址、当地托儿所的营业时间等。

您在信中指出，创造一种公民氛围，让每个人都能真正为社区做出决策，这种需求在现代社会中不断增长。这次地震证明，日本和其他地方一样，为社会做贡献变得越来越重要。问题在于，几乎没有媒体来到现场，告诉我们需要什么，怎样做贡献。我们收到的信息超过了负荷，可大部分的信息都来自东京。除了东京，日本人民几乎没有有关自己社区的详细信息。Recruit 就是一家旨在弥补日式信息社会这一弱点的企业。它认为，向地方社区提供信息服务是企业的社会责任，而且，也正努力想赶在竞争对手前头，在这一领域实现成功。尽管这项事业才刚刚起步，Recruit 坚信有机会开发出全新的业务疆域。

大荣和 Recruit

我坚信，Recruit 能在日本，甚至全世界，为自己开创出一片天地。凭借独特的方法，对日本社会和经济变化的准确理解，Recruit 能够利用信息，抢占变化带来的机遇，设计创新解决方案。这可能正是因为 Recruit 的员工，像非营利组织的成员一样，通过信息和知识来看待人、社会和自己的变化，认为这是一个完全自然的过程。一如发展中国家的青年领军人物，"明天的高管"正通过这种少见的企业，接受全面的基础训练。

您曾提到与信息挂钩的扁平化组织，我想 Recruit 就是这方面很合适的例子。从这个意义上说，大荣可以从 Recruit 的管理及组织理念中学到许多东西。Recruit 强调进取精神，重视利用经济和社会重大变化带来的机遇，准确地根据消费者的需求开发新服务。在向 Recruit 学习的过程中，大荣也跟该公司合资创办了新机构，开发全新的业务领域，重振萎靡的日本经济。在此，我们将有效利用大荣不断发展的全国门店网络和 Recruit 建设的信息网络，并牢记您的教诲："系统化地寻找内外变化，不断追问'这是个机会吗'，企业才能保持竞争优势，获取并维持领导地位。"

1995 年 2 月 25 日

CHAPTER 9 | 第 9 章

重 塑 政 府

您对自由市场下的政府监管和政府角色有什么样的
看法呢？您对重塑政府有怎样的建议

◎ 中内功

重新评估政府

德鲁克教授，您在信中提到，世界正在发生巨大的变化，工业化国家的私人企业、工人、管理人员和普通公众都要做好准备，放弃根深蒂固的传统信念和观念，通过自己的努力创造更好的社会和经济。毫无疑问，对一部分人来说，这样的前景十分的艰巨与困难。这同时也是一项极具挑战性的重任。我们这些日本的企业高管，必须鼓足勇气，依靠远见卓识来应对这些挑战，而不是对未来徒劳地表示悲观。

我相信，这同样适用于公共机构。各国政府必须重新评估自身的工作及形式结构是否适应经济和社会的动荡变化。下面,我想针对重塑政府提出四个问题。

自由市场经济

我的第一个问题是关于自由市场经济的。

人们一直说,日本经济体制是乔装成资本主义经济的计划经济。这大概是因为,按照国内外的普遍看法,日本政府根据生产重点制定的产业政策,是二战后日本实现经济辉煌大发展的原因。对于这种说法,我并不否认,但我相信还有其他的因素在发挥作用。日本经济就像凤凰涅槃一般从战后的废墟中腾空而起,用您的话说,这是因为美国和世界其余地区都将市场开放给了我们,也因为日本本身加入了市场经济的行列。如果您能对自由市场原则怎样在日本运作提出宝贵的观点,就自由市场经济的重要性和实用性发表意见的话,我会非常感激。我相信它们将成为日本企业高管的指导方针。

政府的调控和角色

我的第二个问题是关于调控的目的的;第三个问题也与此相关,是关于政府的角色的。

以我之见,日本政府到了现在这一步,有必要重新思考自己制定经济政策的方法,也有必要对政府本身所扮演的角色加以反思。

我相信,在经济事务方面,政府的角色应当仅限于提供旨在保护社会结构的最少量规则,如《反垄断法》《产品责任法》《行政程序法》

《环境保护基本法》等。当然，这类法律应当不断重新修订，以便跟上变化的脚步。我相信（这不是我一个人的意见），从理想的角度说，政府的规模应当尽量小。它必须把日常经济事务交给自由市场原则去解决。

许多政治家都爱当众宣称需要小政府，最高级的官员和媒体也一样。从这个意义上说，小政府近乎成了国家政策。因此，这个目标，应该成为政府制定政策的一部分。

遗憾的是，目前看不到任何证据说明现行政策在朝着这方面努力。政府对研究自己能够实现什么样的目标不感兴趣。

因此，政府必须仔细阅读您在《管理新现实》中提出的问题，也就是说，不是着眼于应该做些什么事，而是着眼于能够做到些什么事。接下来，政府必须明确自己有能力做好哪些任务，按照重要程度加以排序，并立即付诸实施。

从这个意义上说，日本政府现在立刻能做到的是奠定基础，鼓励将来在私人企业的主导下实现经济复苏。这也有助于我们为不确定的未来做好准备，因为我们很快就会看到老龄化社会的到来。

我也赞同"小政府"主张，但我绝对不会说政府没有用。尤其是对那些需要全球性回应的事务，先进国家的政府有责任号召国际社会朝着共同的方向努力，解决这些问题。为了最有效地实现这一目标，各国政府应该群策群力。

在《后资本主义社会》中，您在举例说明有哪些活动需要国际性组织在全球范围内超越国界、携手合作的时候，提到了环境问题和军备控制的例子。就算只从这两个问题上看,我们也需要付出巨大的努力才能朝着寻找解决办法的方向前进:我相信,所有的发达国家都是这样的,无一例外。换言之,国家的财政自由度会变得更低,民众和企业将承受更大的负担。

在这样的情况下,国际社会能够真正地解决全球性的环境问题吗?此外,发达国家在政策或资金方面,是否会为解决这些问题展现出充分的领导姿态呢?

针对发达国家政府必须采用共同方法去解决的问题,包括国际社会面临的许多有可能对全人类造成致命伤害的问题,以及您在《后资本主义社会》中谈到的民族国家和国际组织应该采用什么样的恰当方式,我很想听听您的意见。

重塑政府

我的第四个问题涉及政府本身的重塑。

在日本,仍然有人在追问,如果我们减少、取消价格管制和市场准入法规,商品价格是否会下降。他们问,放弃业已失去存在理由的国有企业,对失去国际竞争力的行业(如农业)取消补贴,真的能降低税收吗?尽管这些观点确实值得辩论,但问题的真正性质并不在这里。我认为,真正该注意的是,采用行政改革这一工具,我们是否能够改变社会的结构。我们想听听您在政府扮演角色方面的意见。

德鲁克教授,这封信里的四个问题,是我最后的四个问题。我想要请教您,什么样子才是政府正确的形态。我坚信,这是全世界发达国家的共同问题。

1995 年 2 月 25 日

自由市场的巨大优势在于它能最大限度地减少威胁、降低失误

◎ 彼得·德鲁克

在社会的发展进程中,自由政府和自由市场存活了下来。这意味着,人们还没有找到替代方法,让自由市场和自由政府真正地运作起来。短短几年前所有国家的群众还一度以为是真正替代方法的东西,如今不光烟消云散,而且身败名裂。这为寻找新的替代方法造就了机会。但这样的机会,首先是一种挑战。我们正对自由政府和自由市场提出更多的要求(这完全是正确的),这恰恰也是它们在当今世界舞台上存活下来的原因。

自由市场不能独立存在

有相当小的一群人,自由市场的"真正信徒",比如所谓"奥地利学派"的经济学家,相信只靠自由市场就能够创造经济,造就正常运作的社会,而且,自由市场本身就能创造出功能健全的政府。但这种想法拿不出什么可信的证据。相反,现在苏联及其部分东欧卫星国(如罗马尼亚和保加利亚)所发生的事情,清楚地表明,光有自由市场还不够,必须要有一套管用的社会和政治框架,必须有一套法律结构。而且,最

重要的是，产权必须清晰，受法律保护。此外，还得有功能正常、受人尊敬的政府。自由市场本身并不能保证社会与经济的自由，也不能保证后者的正常运作。我们现在知道，没有自由市场，社会和经济会遭到削弱，最终大伤元气。自由市场的存在，是社会和经济正常运作的必要因素，但光有自由市场还不够。

必要的框架

这是自由世界，尤其是自由世界中的发达国家现在所面临的挑战。奥地利学派自由市场的真正信徒已经令人信服地证明，在过去100年，特别是过去50年里，市场的组织程度远远超出了我们的想象。不过，市场仍然是有极限的。很明显，有大量的基本社会、经济关系问题，市场力量本身无法解决。市场显然无法组织成家庭、社区或国家。市场的优势在于它建立起来的关系无关个人，只跟经济价值相关。但显然，有些法规，我们并不打算废除，比如规定只有从公认医学院拿到学位的人才有权称自己为医生，并以行医为业。我们当然也不打算取消保护公众免受庸医、骗子所害的法规以及打击在公共利益问题上重大渎职行为的法规。因此，我们需要想清楚市场能够做哪些事情、不能做（也不指望它去做）哪些事情。

自由市场的存在理由

自由市场的存在理由是什么呢？怎样解释它的优越性呢？其一在于现代经济太过复杂，超出了任何机构或势力的管理能力。这大概是过去

50 年最具说服力的亲市场理论的核心论点，也就是伟大的盎格鲁 - 奥地利经济学家、社会哲学家弗里德里希·冯·哈耶克提出的理论。没有任何体系能够替代无数小型市场参与者（企业和个人）面对可用信息时所做出的反应和判断。我们没办法获得足够的信息，更不可能理解它。可以这么说，市场是无数基本上独立又并行处理的小型计算机所构成的，每一台计算机要处理大部分（尽管可能不是全部）的所需信息，才能做出正确决策，因为它所做的决策是小范围的、局部的。一台大型主机（事实上，这就是计划体制所尝试达到的方向）没有可能获得必要的信息。但同时，计划体制又必然要为每一件事、每一个人做出决策。可要应对得当，必须要有各种决策，每一种决策略有不同，分别对应着具体的局面，在非常少量的因素范围内达到最优化——因为每一名局部决策者都面对着不同的情况，有着不同的需求、愿望和目标，根据成本与收益之间的权衡做出决定。

除此之外，还有一点重要的补充：经济决策不再有任何明确的焦点。

路德维希·艾哈德最先意识到

对于一些决策来说，焦点是纯局部、纯个人的。除了在极度匮乏、生活必需品都必须采用配给制的特殊时期外，中央规划只能为所有人做出相同的决定，但这种决定对所有人来说都是错的。德国二战后经济复苏的设计师，路德维希·艾哈德（Ludwig Erhard）最先意识到这一点：他等二战后最严重的饥荒一过去，就立刻废除了配给制，而这迅速引发了德国经济的崛起。

另有一些决策必须要针对大的范围，如特定的地理区域、社会阶层或是经济群体。还有一些决策则必须针对整个国家。现在，真正的决策甚至越来越需要以全球经济为焦点，可又不存在任何集中的规划机构。当然，不存在规划机构的原因也很简单：要做全球经济决策所需的信息不存在，也永远不可能存在。

自由市场中的个人责任

市场里有个人责任的存在。这就意味着犯错是局部的，也是在局部进行更正的。如果个别商人做出了糟糕的投资决策，他的小企业无法发展，但除此之外没有别的东西遭受损失。在任何市场中，哪怕是规模最大的企业也是渺小的个体。举例来说，在任何自由市场经济体中，最大的雇主也雇用不了劳动人口的1%。

在主要的汽车生产国家，如美国、日本、德国和意大利，汽车工业都曾是最大的制造业雇主。但在20世纪80年代，美国汽车业犯下了可怕的错误。于是，就业岗位遭到大幅削减，可美国经济几乎未受任何冲击。有两三个主要依靠汽车产业的城市，如底特律外围的弗林特，受到的影响最大。但只要离开弗林特50公里，这些烦恼甚至没人注意到。由于自由市场上的个别决策者要自负其责，错误不会达到灾难的程度，而且总能自我纠正。

将错误限制在最低程度

这并不意味着市场是完美的，也不意味着光靠市场就足够了。它的意思只是，我再强调一遍，目前还没有更好的机制，说不定也想象不出有什么更好的机制。市场的最大优势甚至不在于它能对机会加以最优化（尽管它做得到）。它的最大优势在于能将威胁和错误限制在最低程度。

产权的法律保障

再说一遍，市场是以社会框架为前提的。市场还需要高效的政府（大量历史研究业已证明了这一点），正常运作的市场要求对产权的尊重和法律保障。为国家建立坚实的现代经济，最重要的一个因素或许就是恢复对产权的保护。

1995 年 3 月 10 日

我们要避免进行无法执行、失去效用和惩罚经济活动的监管

◎彼得·德鲁克

监管的意义所在

那么，在自由市场经济中，监管的功能是什么呢？它们能发挥作用吗？很明显，这是一个非常宏大的课题，不适合在本次对话中探讨。我认为，中内功先生和我都同意：有些领域是需要政府进行监管的。我们需要法律——民事的、刑事的。我们需要为重要社会活动制定标准的法律法规（如规定学校老师和医生需要什么样的资质），这一点也没什么太大的争议。我们需要禁止食品掺假、禁止往公共水系排放污染物的法律

法规，自然更加无可争议。

经济全球化

但问题并不在这里。问题始终在于：这样或那样的监管是否有必要存在，应该采用什么样的形式存在。世界经济来到如今这个时代，比过去更谨慎地颁布法律法规或许会是一个好主意。我们在美国和日本都已经意识到，政府机构或企业采取任何行为，都需要提前考虑其环境影响。我们不再像祖辈一样理所当然地认为，人类行动对我们赖以生存的自然环境没有影响。同样，我们还需要意识到，对每一个政府行为，都得审视它将对国家或产业在世界经济中的竞争地位造成什么影响。我们再也不能以为法律法规的作用仅限于"国内"，尽管大多数官僚机构仍然这么认为。每一项待议的政府立法或规章，我们都需要它提出经济竞争力说明。至少，我们需要知道，从经济竞争力的角度考虑，我们要为这样或那样的国内政策付出什么样的代价。

日本的生活成本和竞争力

请允许我举一个例子。40年前，日本推出水稻补贴（rice subsidy）政策时，这种做法可能是绝对必要的。1950年前后，可能没有人想得到，日本会有能力出口足够多的制造品来换取大量进口粮食。可现在，水稻补贴的所有作用，就是为进口小麦、玉米、大豆、鸡饲料、肉类、蔬菜和燕麦（主要来自美国）造就了日本市场。没有水稻补贴（水稻补贴就是付钱给农民，让他们什么也不种），日本说不定会种植大量目前需要进口的粮食，毕竟，日本的土壤和气候都很适宜。然而，因为有了水稻补贴，日本成了最依赖进口粮食的发达国家，与水稻补贴的最初用意（减少日本对进口粮食的依赖）完全背道而驰。日本如今有着发达国家里最高的食品成本，故此生活成本也最高。当然，尽管水稻补贴给日本带来了巨大的竞争成本，日本人民大概仍然很喜欢它。有了竞争力影响报告，至少能让他们了解到水稻补贴带来的真正经济成本。

公司逃离加利福尼亚

竞争力影响报告有可能避免像如今折磨着美国加利福尼亚州那样的重大经济危机。20年前，加利福尼亚州是美国企业最理想的落脚点。可过去5年里，越来越多的企业（美国的、外国的）都在逃离加利福尼亚。主要原因是加利福尼亚州和当地城市制定的法律法规层出不穷。举个例子：在加利福尼亚州，哪怕是稍微对现有建筑做些改动，就需要从10多个州和地方政府机构获取30多种不同的许可证。而在临近的亚利桑那州和内华达州，同样的改动一般只需要一份许可证就够了。故此，在加利福尼亚州，为了拿到增建许可证，有时候得耗费4年时间。在亚利桑那州和内华达州，只需要3天。这3个州都有着相同的建筑规范，区别只在于，过去20年里，加利福尼亚州制定管理规章的监管机构变得太多了。

如果州政府及其下属机构在实施这些规定之前先想清楚并发布竞争力影响报告，就不会造成如今的局面。

监管的负担与收益

监管给经济造成了负担。很多时候，监管造成的负担，远远不及它带来的好处，因此得到了平衡。肉类检验造成的负担肯定远远比不上消除、限制批发肉食中毒带来的好处（如果没有肉类检验，批发肉食中毒的情况就有可能发生）。但我们需要知道折中点在什么地方。在竞争激烈的世界经济中，不可光从地方的角度看待法律法规造成的负担。

更有很多监管只会带来负担，却不添加任何收益。这类监管要么一贯有害处，要么是逐渐变得有害处。

无法执行的监管

第一类只带来负担的监管是无法执行的那种。20世纪最合适的例子是20世纪20年代美国试图强制执行的禁酒令。禁酒令除了造就匪帮之外没有起到任何作用。今天，世界各地的政府都试图对世界经济，尤其是信息与金钱的流动方面，施加地方性法规。这些律令根本无法执行。

对资金跨国流动的控制

也许，未来几十年，我们会建立跨国公共机构，控制资金的跨国流动。迄今为止，资金的跨国流动已经超过了商品。我们能获得统计数字的最近一年是1993年，跨国投资流动总量至少为5万亿美元，而商品和服务的总流量仅为4万亿美元。没有任何一个中央银行能够规范这些流动投资，尽管所有央行都想方设法地尝试。事实上，哪怕美、日、德、英、法等各国央行通力合作（就像几个月前它们一起对付美元危机的时候那样），结果徒遭嘲笑。1994年圣诞节前后各大央行拼命阻止墨西哥比索崩溃，也毫无作用。有人据此提出了一个有力的论点，认为我们此刻迫切需要一家世界中央银行，就像19世纪各国需要国家央行一样（1914年，英国就根据这一主张通过了《英国中央银行法》，自此之后世界上每一个国家都加以仿效，当然日本也包括在内）。但到目前为止，我们还没有这样的工具，也不知道如何去设计它、运行它、管理它。因此，不去调控恐怕更为明智。无法执行的监管，一如美国禁酒令一例所示，只会带来害处。

逐渐变得无用的监管

另一类有害的监管是作用过时的那种。19世纪的一项重大政治创举来自美国：对所谓的"自然垄断"进行监管。这种看法认为，一些带有垄断性质的行业（如19世纪末，美国的铁路在陆路运输方面似乎有着牢不可破的垄断地位）必须加以监管，以免其滥用垄断力量。在美国以外的地方，对这些行业（铁路、电话、电报、电力）进行了国有化。发达国家中，只有在美国，这些行业仍留在私人手里，只是要经受严格的监管。一个世纪以来，这种做法运行良好。但如今，所有的这些行业，都被新技术剥夺了垄断力量。这时候，继续进行监管会适得其反。它只会带来坏处，正如之前的垄断行业带给社会和经济的坏处一样。所以，解除管制大有必要。

对航空公司的监管

有些情况下,我们需要开放竞争——也就是美国在电信行业采用的做法。但在其他行业,则须采用不同的新监管方式。

航空业是一个例子。天空中只有数量有限的航道可供飞机同时安全飞行。由于飞机不能停在半空中,航道必须加以控制;而航空业的竞争,比如票价以及向乘客提供的服务,可以不受限制。美国的例子极具启发意义,对航空公司解除管制后出现了一大批安全、高效、廉价的竞争企业,如西南航空公司(Southwest Airlines),虽然票价很低(或者正是因为票价很低),却成为当今美国最赚钱的航空公司。但在任何特定时间里,在特定航道中飞行的飞机数量,以及从甲地飞往乙地的授权运营商数量,都需要进行监管,因为天空并非无限的空间。每一条航道,按照传统意义,都构成了"自然垄断"。

银行与投资业务毫无意义的分离

监管,不管从前是多么迫切地被需要,也不管当时带来了多大的好处,总有一天会变得落伍过时。

在60年前的大萧条中,美国将商业银行业务和投资银行业务分离开来是完全合乎逻辑的,也的确大有必要。可现在,这样的分离已经毫无意义。它现在在美国发挥的唯一作用,就是让金融业务从传统银行转移到不受此类规范限制的非银行机构去。此外,过时的监管变得日益无法施行——美国银行业的法律法规就是这样的。

对监管的回顾

从前面的论述我们可以得出结论：所有的监管都应当被视为临时性质。有一些监管，比如禁止销售受污染的肉类或过期的鱼类，只要我们还以动物蛋白为食，就一直是有必要的。事实上，随着鱼类养殖日益成为动物蛋白的主要供应途径（未来50年，它为人类提供的动物蛋白和卡路里量，可能会跟今天的肉类一样多），我们肯定还需要大量的额外法规来确保只有未受污染的新鲜鱼类才可进入世界食品市场。

然而，所有的监管，都需要被频繁加以审视。每隔10年或15年，就应该问一下：如果现在没有这种监管，我们还是会制定它吗？如果仍然需要，那我们会采用同样的形式吗？

惩罚企业和消费者的监管

有必要减少，甚至取消的监管类型，还有最后一种，或许也是最重要的一种。这就是惩罚企业和消费者的监管。这种监管是达成某一政治目的的错误途径，哪怕该政治目的本身没有错。

人人都知道，过去40年，高储蓄率是日本崛起的基础之一。但大多数人都不知道，从历史上看，二战前，日本的储蓄率并不高。恰恰相反，二战前的日本经济，最常为人诟病的地方就是它的储蓄率太低，尤其那时日本还是一个快速发展的国家。故此，现在许多美国观察家说，日本"传统上"就是高储蓄国，完全是无稽之谈——因为自从德川幕府时代，日本传统上就是低储蓄率的国家。日本变成高储蓄率国家是在

1950年前后，即大约45年以前，国家有意识地提高了储蓄的吸引力，邮政储蓄账户就是一种很成功也很简洁的形式。

与此同时，日本政府的政策又尝试通过监管提高消费品物价，惩罚消费来提高储蓄率，也就是说，限制零售业的竞争，禁止打折。

这一切都为日本带来了不必要的高成本，延长了日益低效的流通制度的寿命。

鼓励储蓄是对的，惩罚有效的流通制度却是错的。在过去这几年，日本消费者已经清楚地表明了他们的偏好。现在的日本是一个高工资国家，要维持日本在世界经济中的竞争力，唯一的途径就是降低生活成本，而这正是高效的流通体系可以实现的事情。

越少越好

一言以蔽之：问题不在于监管是否必要；监管是否必要，要具体情况具体分析。但有一点可以肯定，监管越少越好。2000多年前，有一条关于罗马法律的古老谚语："法律太多，则为劣法。"这个说法放到今天也没错。监管太多，就是糟糕的监管。但最重要的是，我们要避免有害的监管。首当其冲的有害监管是无法执行的法律法规。其次，是失去效用的监管：当初确定监管的前提已经过时了，监管却延续下来。最后，也是最大的一类有害监管：我们要避免、废除惩罚经济活动（包括生产和消费）的监管。

1995年3月10日

动力必须来自政府，政策必须跨国

◎彼得·德鲁克

小政府

在所有西方国家，我们都致力于缩小政府的规模——日本很快也会这样。英国朝这个方向走得最远，但他们做的实际上不是缩小政府规模，而是把政府工作从政府全资所有的机构转移到多少带有自治性质和半私有的机构去。在美国，我们正非常努力地精简政府，因为它显然在方方面面都膨胀得太快，超出了我们的财政维持能力。我猜，在日本，我们很快也会看到大力缩小政府规模的努力。自二战以来，所有发达国家的政府都发展过快，效率越来越低。

但我们的目标不是建立软弱的政府。相反，我们要的是强有力的高效政府。新的政治任务正等待我们去解决，而这些任务要求政府效率更高、视野更远大、领导更有力。

单个国家无力解决

有史以来第一次，我们现在面临着单靠一个国家的力量无法解决的挑战。这些挑战必须依靠全人类的力量去解决。这些挑战来自人类手里越来越强大的技术力量，也来自人口的巨大增长。人类若是不关心地球上所有其他生物的命运、不关心地球本身的命运，就无法解决自己的问题，这在地球史上还是第一次。这些新的任务超越了任何一个国家的地位。这些任务，必须依靠各国政府携手合作才能完成。

资金已经跨国

前文已经提到了这样的一个挑战：资金已经跨越国界，任何一个国家的政府都无法单独控制。我们或许需要成立一个跨国的货币机构，类似17世纪末英国首创的中央银行。

1694年，英国最先成立了中央银行，19世纪上半叶，这个概念由英国和法国在理论及实践上加以完善，1884～1914年拓展到所有国家。或者，我们还可以采用中央银行联邦的形式。

自由的银行业

我们甚至发现，一如各主要大学里的一小群"自由银行"理论家（他们人数不多，但在不断增长）断言，世界货币的运作太过复杂，流动速度太快，任何监管都不可能发挥作用，故此必然需要建立一个完全自由的市场。这意味着废除所有的中央银行，取消对银行和货币的监管。

我怀疑，任何一个国家都不可能接受这么激进的主张。我也很怀疑它能发挥作用，除非我们重新用回金属货币，放弃纸币。然而，第一流的经济学家（甚至一些经验丰富的商业银行家）严肃接受了"自由银行"这一概念，说明我们面临一个前所未有的局面，这关系到政府的核心任务之一：控制货币。有一件事情可以说得很明确：各主要国家货币机构（日本央行、美联储、德意志银行、法兰西银行、英格兰银行）现在努力做的事情，不会是解决这问题的最终答案。它们正努力假装一切还处在控制之中，但在出现严重危机的时候，我们看到的是，这一招不再管用了。接着，它们又假装合作就能让一切受到控制；可在出现严重危机的时候，这一招也不管用。可这些机构里都是我们最能干、最有经验的人手了。他们在维持传统体系运作上胜率如此之低，正表明我们面临的是一个根本性的挑战。

跨越国界的环境问题

还有另一个同样艰巨，但性质完全不同的挑战：我们需要保护环境。在一个国家的领土内发生的活动，对全人类、全地球，甚至地球上的所有生命造成威胁，这还是破天荒的头一遭。亚马孙热带雨林和大气臭氧层遭到破坏，影响到了我们每一个人。这些活动本身是地方性的，如砍伐、焚烧亚马孙森林或是单个家庭排放碳氟化物。但它们造成的后果却并不局限于当地。和我们几年前想象的不同，光靠主要的发达国家（有财力给环保买单的国家）来保护环境是不够的。故此，发达国家面临的一项主要任务，就是采取跨国行动，既保护环境，又造福急需经济迅速发展的贫穷国家。

内战的恐怖

国际恐怖主义的威胁也将越来越大。与此密切相关的问题是：怎样解决内战（波斯尼亚、卢旺达、索马里、柬埔寨等地）带来的恐怖。我们仍然要把这些地方发生的屠杀看成地方事件，是世界其他地方的人可以忽略、无视的事情吗？或者，我们应该把它们看作对全人类的威胁，需要我们共同采取行动？到目前为止，我们还没能下定决心；到目前为止，我们还没想清楚能够采取怎样的措施。联合国"维持和平"的记录时好时坏。伊拉克侵略科威特时，世界各国几乎异口同声地认为必须阻止侵略行径，美国得以采取有效行动。而在波斯尼亚、卢旺达和索马里，各国没有达成共识，也没有采取有效的行动。没有达成共识，能够采取有效行动吗？应该让一个主要力量代表国际社会采取有效行动（就像我们解决伊拉克问题那样）吗？所有这些问题，至今还没人能回答。但可以肯定，这些问题将变成重大的挑战，原因很简单：如今每一个家庭都能在电视机屏幕上看到内战带来的恐怖情形。这些事情不再遥远得只能从30年后的历史书上读到。它们成了人们活生生的体验。它们就是隔壁邻居家碰到的事情。我们能够置之不理吗？

这些事情，应该怎样处理，处理得好吗

到目前为止，有两次跨国行动的尝试都令人非常失望。事实上，这两次尝试也都已经失败了。其一是阻止核扩散。这是一个即便在"冷战"高峰期美苏也保持了相当密切的合作的领域。尽管存在分歧，两个超级大国在阻止核武器扩散这个目标上是团结的。但这一努力并未成功。除了最初的核大国（美国、英国和苏联），现在法国、中国、以色列也都掌握了核力量。

国际经济援助的失败

同样令人震惊的是，国际经济援助也少有成功。1950年杜鲁门总统发明的"发展援助"（development aid），无疑是20世纪最具创新性的思路之一。可它却彻头彻尾地失败了。已经发展起来的国家，要么从没得到过援助，要么几乎没有得到过，日本和整个东南亚便是如此。接受援助最多的国家（主要在非洲），基本上没什么发展。不光政府对政府的直接援助是这样的，世界银行的大量发展投资，也影响甚微。我们知道原因是什么——援助要么被用去大搞军备（对拉丁美洲和非洲的大部分政府援助就是这样的），要么就被挪用去搞无益的经济建设（比如建成了巨大的钢厂，但生产出来的钢铁却找不到市场）。

需要经济援助

可贫穷国家需要迅速获得发展。一个原因是，我们现在知道，迅速发展经济是可以实现的；另一个原因是，世界上的不平等再也站不住脚了，它跟过去的经济不平等完全不同。

自从有历史记载以来，任何国家都存在穷人和富人。过去，两者之间的不平等比现在还严重得多。今天，在任何一个发达国家的任何地方，都找不到像1000年前《源氏物语》（我最近饶有兴致地把它重读了一遍）所写的朝臣、王子与农民、伐木工之间天壤之别的贫富差异，前者拥有让人无法想象的奢侈生活。但从历史上来看，一个国家内部的不平等，和另一个国家内部的不平等，是没有太大差异的。日本平安时代的贫富差异，和中国宋代、欧洲查理曼大帝时代的贫富差异差不了太多。可今天，富裕国家里最贫穷的人，比真正贫穷国家除了一小撮非常、非常富裕的人之外的所有人要富裕得多。现代信息技术将这种不平等昭示天下，故令人无法容忍。

与此同时，我们知道，这并不是因为贫穷国家变得更贫穷了。它并不像19世纪末20世纪初人们以为的那样，是剥削的问题。事实上，所谓的"依赖理论"（也就是过去三四十年在拉丁美洲特别流行的"帝国主义"口号改头换面的新版本）遭到了彻底的反驳。东南亚非常贫困的国家迅速崛起以及拉丁美洲诸国一旦转向自由市场经济就迅速发展起来，都说明：再也没有所谓的穷国和富国之分，只有管理得很好的国家和管理得很糟的国家之分。

市场的力量

站在经济发展的角度，我们应该可以这样说：这项任务能够（也应当）由市场力量来完成。当地政府，不管是新加坡的还是智利的，只需要创造合适的社会和经济条件，剩下的部分，市场自然会去做。

市场力量在保护环境上也可以发挥一定的作用。提高保护环境对消费者、农户和小企业的经济吸引力，显然比一味处罚更明智。

政府采取主动措施

然而，这必须要由政府采取主动措施，而且制定的政策也必须是跨越国界的。控制核扩散、打压跨国恐怖主义，都不可能靠市场力量来实现。

我们可以信心满满地预测，这将是未来几十年的中心话题，因为它事关我们的生存。

1995年3月10日

旧有的政治理论已经瓦解，政府必须重新思考如何转型为"高效政府"

◎彼得·德鲁克

全球性问题只是政府面临挑战的一部分。在传统的国内角色上，政府也面临着同样的挑战。事实上，我们已经来到了不得不重塑政府的转折点上。

延续了 300 年的古老政治理论

我们的基本政治理论现在已经有 300 多岁了。它们可以追溯到 17 世纪末，英国的约翰·洛克（John Locke）等人身上。所有这些理论都围绕着这些问题展开：政府应该做些什么？它应当怎样去做？但在这 300 多年的时间里，没有人曾经问过，"政府能够做些什么呢？"（在西方，最后问过这个问题的人是 16 世纪初的马基雅维利（Machiavelli）。）但很显然，这是一个我们必须尽快搞清楚的问题。

日本和欧洲

应该说，日本仍然有着所有发达国家里最高效的政府，但原因并不像美国许多"反日派"想的那样是因为日本政府最为独特。相反，大部分原因在于，在所有发达国家中，日本有着最为传统的政府。日本政府和经济之间的关系，和法国、德国的没有太大的不同。事实上，法国人所谓的"干预"（dirigisme）和日本人所说的"行政指导"完全一样。只不过，法国的"干预"有着比日本的"行政指导"更强的控制力。法国的农业保护主义，比日本现行或过往的农业保护主义都强得多。美国大多数分析家眼里认为是"日本特色"的日本政府及政策，正是第一次世界大战前欧洲大陆所有国家政府的特点，而且，它们至今仍然是欧洲大部分国家政府的特点。

官僚的力量

举例来说，美国的"反日派"指出，日本是一个由官僚而非政治家运营的国家。但欧洲大陆同样如此，直到最近才有所变化——事实上，欧洲大陆现在基本上也一样。"反日派"指出，在日本，最能干的年轻人进入政府机构，而政府工作人员有着极高的社会地位，备受尊重。欧洲大陆基本上仍然是这样的，比如在德国。在法国，底层官僚是招人嘲笑和鄙视的，但上层公务员则被视为超人——是神祇，而非普通人类。"反日派"指出，日本的一个特点是高级公务员不退休，而是从"天堂"空降到企业的高层职位上。我恰巧来自奥匈帝国的公务员家庭，直至1918年（也就是我出生很久以后），奥匈帝国都是一个强国。每3名高级公务员（官至"副部长"级别，并在第一次世界大战中主持着奥匈帝国的战时经济，我父亲就是其中之一）就有一人在45岁或50岁时退休，到大银行去当董事长。今天，德国的高级公务员也会在50岁左右退休，到行业协会去当高薪总干事，而在德国（和日本一样），行业协会是非常有权力的。法国的高级公务员（"财政总长"一类的），也会在45岁左右"退休"，到大公司去执掌高级管理层，诸如此类，不一而足。

日本政府最为传统

最重要的是，日本是所有政府里最为传统的，因为在发达国家中，它是唯一一个基本上没有试图插手社会部门的政府。它未做经营就成功控制了经济；它未做经营地尝试管理社会。1933年之前，尤其是1914年之前，欧洲各国政府都是这样的。

这就解释了为什么日本政府迄今为止仍比其他国家的政府有效。即便如此，政府的效力（日本也不例外），正在迅速削弱。原因还是之前说过的那个：我们不知道政府能够做什么。因此，政府尝试做了太多它们不能做，或者做不好的事情。

归根结底，为回答政府到底能够做什么的问题，需要一套新的政治理论。然而，这就要求政府做到两件事，跟商业企业的更新一样：①将持续改善纳入政府机制；②让政府集中精力做那些发挥了作用的事情，放弃那些没能发挥作用的事情。

人们普遍认为持续改善是日本近年来的发明。但实际上，它是美国人80多年前发明的东西。美国电话电报公司（也叫贝尔系统）从第一次世界大战到20世纪80年代初宣告解体，始终坚持将"持续改善"应用到每一个活动、每一项流程之中，不管是到住宅安装电话也好，或是制造开关设备也好。贝尔系统对每一个活动都定义了结果、绩效、质量和成本。它还为每一个员工安排了年度改进目标。达到这些目标，贝尔电话公司的管理者并不会受到奖励，但没能达到目标的话，他们就直接出局，很少能得到第二次机会。

标杆

我们还需要另一样同样重要的东西，仍然是老贝尔电话公司的发明：标杆（benchmark）。每一年，它都将业务或部门绩效与其他业务或部门进行比较，表现最佳的成为来年众人都需要达到的标准。

在政府机构，持续改善和标杆基本上没人知道。要做到这两件事，需要在政策和实践上进行激烈的变革，而官僚必然激烈抵抗。这两件事要求每一个机构以及机构内的每一名官员，定义绩效目标、质量目标和成本目标，此外还需要定义该机构应该实现的结果。

薪酬体系

持续改进和标杆需要不同的激励措施。未能按预测下限改善绩效的机构，预算会遭到削减——这是贝尔电话公司的做法。如果一个单位的绩效始终落后于绩效最优单位设定的标杆，那么，前者的领导会在薪酬方面受到处罚或是丧失晋升资格（这么做更有效）。绩效不佳者最终会被降职或解雇。

需要重新思考组织

但即便这种官僚机构中的所有人都认为过于激进的变革，也不能保证重塑政府。根本不应该做的事情，非要做的话一定会做得最糟糕。故此，这些完全不该做的事情只要稍微做好一些，我们就觉得是巨大的进步了。

任何组织，生物性的也好，社会性的也好，若对规模（或体格）做出重大改变，都需要对其基本结构加以改变。如果规模翻倍甚至翻了3倍，就需要进行重新思考。同样，任何一家组织，不管是企业也好，非营利组织也好，政府机构也好，若是已有四五十年的历史，也需要对自己进行重新思考。成立之初制定的政策和行为规则都已过时。如果继续沿用原有的方式，它会变得无法支配、无法管理、失去控制。

在今天的美国和欧洲，我们不断地讨论要对政府进行"瘦身"。可以肯定的是，所有西方国家的政府都变得臃肿笨拙。但在精简之前，我们先要重新思考。

"我们现在还会履行这一使命吗"

在美国，少数组织，比如几家大公司和大医院，已经对上述方法做了示范。这些组织知道，减少支出并不是控制成本的办法。出发点应该是找出哪些活动生产效率高，应该强化、促进和拓展。每一个机构、每一条政策、每一个程序、每一项活动，都应面对如下审视："你的使命是什么""这一使命仍然正确吗""它仍然值得做吗""如果我们现在并没有做这件事，我们还会投入进来吗"。这一流程已经在美国的各类组织（企业、医院、教堂，甚至地方政府）里推广，这说明它确实管用。

这个问题的答案几乎从来不会是这样的：这家机构或这个方案跟以前一样好，我们继续做吧。但在一些领域（事实上，是不少领域），答案是：是的，我们还是会投入这件事，只不过会有所改变。我们已经学到了一些东西。

还有许多情况中，结论会是：特定的机构或政策已经不再可行（即便从前可行）。如果我们有选择的余地，现在肯定不会这么做。

还有可能，最初的使命已不复存在。举例来说，在农民只占总人口 3% 或 4% 的情况下，如今有哪个发达国家会成立单独的农业部呢？相当多的美国人都会响亮地回答："不。"

一些非常值得尊敬的活动属于别的地方。发达国家有大量的政府机构无疑都应该私有化。

浪费行为

继续从事现在不会着手做的活动，就是浪费。应该放弃它们。到底有多少政府活动值得保留下来，这一点我们无从猜测。但根据我在许多组织的经验来看：如果进行投票表决的话，在美国政府现存的各类民事机构和项目中，大概有 2/5，甚至一半，公众都会对其投出否决票。换句话说，这部分的机构和项目，就算组织得当、运作良好，基本上也拿不到赞成票。

棘手的地方是，有些项目和活动生产效率不高，甚至不利于生产，但我们却不太明白是哪里出了错，更不知道如何补救。

有两个备受重视的美国政府项目就属于此类。

美国的福利体系

美国的福利体系是一个最为明显的例子。20 世纪 30 年代末最初将之设计出来时，它运作得非常漂亮。但它那时候要满足的需求，跟今天非常不同。它今天要服务的对象是未婚妈妈，失去了父亲的孩子，没受过教育、没有技能、没有工作经验的群众。它是否在实际上适得其反，各家争论不休。但基本上，已经没有人说它发挥了作用，缓解了本应由它治愈的社会弊病。

军事援助

另一个例子是"冷战"年代美国外交政策的支柱：军事援助。如果军事援助给予了真正参战的盟友，生产力是很高的，比如1940～1941年间对英国的租借法案以及对受到四面围困的以色列给予的军事援助。但如果军事援助在和平时期给了盟友，那就适得其反了。这一点，在古罗马时代，普鲁塔克（Plutarch，希腊历史学家）和苏埃托尼乌斯（Suetonius，古罗马传记作家及历史学家）就已经视之为事实了。当然，美国近年来最糟糕的对外政策困局（如巴拿马、伊朗、伊拉克和索马里都是很好的例子），还在于我们试图用军事援助拉拢盟友。自从"冷战"开始以来，军事援助未曾真正带来盟友。相反，它能带来的只有敌人。

改革，或者废止

对这类的项目或活动，最为人中意的解决办法是进行改革，但改革运作失灵的东西（且不说它是否有害），又不知道它为什么不运作，只会让局面变得更糟。对这样的项目，最好的做法是废止。

我们可以把反思的结果列成一张清单，最靠上的位置，是应当加强的活动和项目；最底部的位置，是应当废止的活动；两者之间的，则是需要重新加关注，或前提假设需要检验的活动。有些活动和项目虽然没有结果，但应当给几年的宽限期，再彻底废止。在美国，福利项目可能是后者最合适的例子。

了不起的副产品：节约成本

重新思考的关注重点，并不是削减开支。它首先带来的是大幅提高了绩效、质量和服务水平。但是，成本的大幅节约（有时甚至高达40%），则总是以副产品的面目伴随而来。事实上，重新思考能带来足够的结余，在短短几年内，让美国的联邦赤字一笔勾销。然而，它的主要结果，还是对基本方法加以改革。传统的政治决策是按项目和活动的良好意图进行排序的，而重新思考则是根据所得结果进行排序的。

现在看来不可能

读到这里，所有人恐怕都会惊呼："不可能。哪些活动该放在清单的最顶端，哪些活动该放在最底部，人们是永远达不成一致意见的。"但出人意料，在所有开展过重新思考的地方，不管人们有怎样的背景，秉持何种信仰，大部分都认可清单的内容。哪些事情该加强，哪些事情该废止，人们的不同意见很少。人们的主要争议是在某个项目或活动应该立刻终止，还是再试用两三年。

但是，一如我们将在后文讨论的，哪怕在德高望重之辈中完全达成了共识，这种尝试也可能无疾而终。政治家不会接受这样的事，政府官僚也不会。各方说客和特殊利益集团会团结起来，一致反对"颠覆性"

如此之强的主张。

毫无疑问,对政府进行激进的重新思考,在今天似乎绝无可能。从日本政治改革"蜗牛"般的推进速度来看,哪怕是修修补补都极其困难。

明天也仍然不可能吗

这样的重新思考,到明天也没有进行的可能性吗?每一个发达国家今天都发生了政府危机。公众完全不再抱有幻想。发生危机的时候,人们需要有应急方案;发生危机的时候,我们需要向提前想清楚该做哪些事情的人请教。当然,不管怎样深思熟虑,没有任何方案能一板一眼地照书面所写执行。但这样的方案可以视为理想的标尺,用来衡量妥协的程度。有了它,我们就不必牺牲那些本应得到强化的事情,维持那些过时、不具生产力的事情。它保证不了削减所有(或大多数)没有生产力的事情,但它至少能维持有效的东西。

高效的政府

事实上,我们可能已经非常靠近不得不重塑政府的地步了。很明显,发达国家既不可能像(所谓的)自由派希望的那样继续扩大规模,也不可能像保守派希望的那样放弃大政府,回归纯真的19世纪。我们需要的政府必须超越这两者划定的范畴。20世纪建立的超级国家在道德和财政上均告破产。但它后继无人。而它的继任者不可能是"小政府"。国内国际都有太多的任务需要政府去完成。我们需要高效的政府,而这正是所有发达国家选民真实的呼声。

当然，在很多方面，日本政府都跟其他国家的政府有所不同。但所有的政府也都是这样的，政府的共同点在于它们所赖以为基础的理论（过去300年里的政治理论）偏离了轨道。所以，在每一个国家，我们明明需要政府更加有效，它们却越来越低效。在每一个国家，核心问题都迅速地变成了"政府能够做什么"。但这个问题，迄今尚没有人仔细地对待过、研究过。

出于这个原因，这一对话的结论必然是：重塑政府是我和中内功先生讨论的所有话题里最为重要的一个。

1995 年 3 月 10 日

政府必须采用面向私营部门的经济政策

◎中内功

创造美好未来的挑战

您的答复为我和其他日本高管带来了希望和勇气。我能够借此机会，向您的深刻洞见致以最崇高的敬意吗？

虽然我已经说了无数次，但在这里，我还是要再次重复：您的智慧教导我们如何鼓起勇气，迎接那些我们现在、未来必须面对的任务，创造出更美好的未来。您还向我们指出，实现这一目标是我们的职责所在。我相信，我们这些直接从事企业管理的实践人，在自由市场经济、取消管制和政府角色方面都肩负着尤为重要的责任。

首先，我想简要地阐述我对重建自由市场经济和政府角色上的观点。

以市场经济为基础

您当然知道，日本的产业政策，尽管在重建、发展战后经济方面极为成功，却也带来了许多问题。典型的例子是国内和海外市场价格差距过大，尤其是食品。限制进入市场、防止价格大幅下跌的政府法规必须尽快取消，全国各地的企业管理者也都务必尽快争取让流通结构实现现代化。否则，日本人民将永远无法享受真正的物质福祉。

信奉民主、自由和市场经济原则的国家，都逐步投到了世界贸易组织的大旗下，接受了它确立的国际贸易和投资规则。在这样的背景下，像日本这样的工业化国家继续坚持推行违背市场原则的经济法规，保护缺乏国际竞争力的国内产业，不光不可接受，也根本不可行。正如您所指出的，日本的角色是为全新的全球经济秩序的发展积极贡献力量，这一经济秩序以市场经济为基础，可将机遇发挥至最大限度，将失败控制在最小范围。

我也同意，新兴经济体的发展必须用实现私营部门的活动来实现，而不能依靠官方发展援助（official development assistance，ODA）。

日本的行政管理

我多次强调要采用激烈的"零基础"（只在绝对必要的时候）方式来取消监管，改革日本的体制。幸运的是，整个日本产业界对这一观点都是赞同的。可现实很遗憾，政府除了维持现状外并无其他努力，在审视监管经济活动的相关规定（这是您的建议）上一直进展甚微，体制改革上就更不必说了。

我相信，这可以归因于如下事实：日本政府并不打算讨论政府能够做什么的基本问题。您的观察正和我一样：政府想做太多自己做不了、做不好的事情。日本政府显然是想打算保留所有过时落伍的制度。我认为，政府必须放弃这种想法，这一点非常重要。

公民意识

阪神-淡路大地震向许多日本人表明，政府无法保护人民的生命和财产安全。政府直到现在仍无法满足灾区居民最基本的日常生活需求。政府震后的反应非常慢，如今已经是灾后两个月，才建成了极少数量的临时住所，很多人没办法只好继续住在疏散中心。越来越多的人意识到，政府是指望不上了，因为政府没为他们做任何事。

我曾去地震灾区访问，发现自己也不再抱有一丝一毫的幻想了。政府当局未能对人民的需求做出适当反应，这让我感到悲观，甚至对未来陷入了虚无主义。就在那时，我想起了您在差不多60年前《经济人的末日》结束时写过的一句话："群众因为陷入了绝望，而倒向了法西斯主义。"我完全同意。如果我们真想避开法西斯主义的威胁，不让人民陷入灾难，那我们便千万不可失去希望，这一点比什么都重要。

为了实现这一目标，个人和企业都必须站在公民的角度，拿出每一点智慧和勇气，迎头面对挑战。他们必须接受个人责任与企业责任的原则，取消依附在日本经济和社会上妨碍变革的过时体制，发展新的经济和社会，为所有人创造更美好的未来。就像我们在神户看到的那样，人们必须努力将自己对无效政府的抱怨，变成公民自治的积极感受，而不是彼此愈发缺乏相互信任，抱怨不休。

应当改革的体制

我相信，如果我们想要通过提高公民意识，改变日本，那么，改革过时的体制就是我们首先要做的、最重要的任务。您提到农业部是过时的部门，在日本，也有不少老旧体制的残余，很早以前就该遭到挑战，但现在却仍然固执地附着在我们社会的核心。

在这里，我指的是20世纪40年代设立的战时行政结构，当时的设计目的是让中央政府有效地控制人民、物资和金钱，满足战争需要。具体的例子包括《全国总动员令》以及后者带来的《食品控制法》（旨在确保政府对食品的生产和销售实现全面控制）、《日本银行法》（旨在实现中央银行的全国性目标），以及防止日本人民意识到自己纳税人身份的预扣税制度。我相信，这些制度剥夺了日本人民的自治精神。您说，日本政府并未特别严重地侵入社会领域，但看起来很遗憾的是，日本政府实际上是系统化地干预着社会领域。

新凯恩斯主义学者的影响

这里，我想根据您教给我的功课，说明我自己的想法。政府、产业和日本民众，尤其是日本的企业高管，应该怎么做来建设社会呢？首先，对待经济，尤其是财政政策，政府必须采用以私营部门为导向的方法。

您在《生态远景》一书中提出，日本的经济政策并不以凯恩斯主义的原则为基础。然而，日本政府显然受到了这些原则的影响，或者，更准确地说，受到了新凯恩斯主义学者的教诲。这类似您在"凯恩斯：经济这个神奇的系统"那篇文章中所说："凯恩斯的弟子们，一面用着凯恩斯主义的术语、方法和工具，一面却又放弃了他的经济政策和利器。"根据经济企划厅开发的经济模型所制定的政府经济政策，非常明显地体现出了上述影响。

就我所知，凯恩斯主义和新凯恩斯主义经济理论都认为，政府是学识之辈的集合地，为了保持经济稳定性，这些人必须引领无知的群众，而后者无序的行为反过来又制约了政策的实施范围。当然，现实中，政界中人不可能当众声称自己是精英，也不能侮辱大众，说他们无知。可政府总是自觉或者不自觉地认为自己的使命是保护群众免受威胁，要带领他们前进。政府奉行这样的路线非常危险，因为它让大众意识不到自己的个人责任，更放大了政府失误带来的后果。

过去两年，日本政府在经济措施上投入了45万亿日元。人们甚至估计会出现经济通胀。可这并没有让日本经济复苏。不管怎么说，公共工程投资仍然保持着长久不灭的神圣地位，哪怕只是分配总投资额的0.1%，也会在政治、经济、官员和新闻界引发激烈辩论。如果这样的讨论是在有意识地审视社会基础设施的改进，倒也不无裨益；可在我看来，要是为了考察对经济活动的潜在影响，就没有太大好处了。

这些经济措施为什么未能产生预期结果，原因有很多。但我以为，它表明政府主导财政政策的时代已经宣告结束。我们需要转向以真正私营部门为主导的政策。

因此，日本经济是时候摆脱依赖公共工程投资的中央政府控制模式，转入充满活力、以参与者个人责任为基本原则的自由竞争模式，最大限度地收获市场经济带来的好处。这也是为了避免重蹈计划经济的覆辙，计划经济因试图施加彻底的中央控制而走向失败。

用信息进行创新

接下来，私营企业必须通过持续创新，不断开发新客户。

创新并不是某种需要特殊环境，突然从无到有冒出来的东西。一如我之前所写，我的亲身经历表明，创新源自一种将全球发展及消费者需求的信息与企业可用的人力资源和其他所有管理资源知识相结合的能力。创新完全没有什么特别之处，而是来自每一天的持续努力。我也相信，创新信息必然来自人的实践领域；在零售行业，这就意味着顾客前来购物的店铺内外。同样道理，在创造新客户方面，正如您所说，不会来店铺购物的非客户信息更为重要。

故此，创新的含义很明确：它不仅是一种战略，更是一种理想。它需要在一个清楚阐明了的理想状态下，筛选外部信息，理解客户，准确地定期评估，应对市场需求。比如说，在大荣，我们的理想是"一切为了客户"，通过与现有和潜在的客户进行直接或间接的沟通，理解并满足客户的需求。

两位领导者的轶事：王贞治

企业高管作为领导者，其使命是为自己和组织灌注创新的态度，营造适合创新的氛围，对此，您在各出版著作和我们的通信中已经说得很详细。

最后，我想在这里讲述两位组织领导者的轶事，说明我在企业高管先决条件及领导能力重要性这两件事上的认识。这两位管理者，都是我的熟人。

第一位是王贞治，我的职业棒球队"福冈大荣鹰队"的现场教练。他是日本和世界棒球史上最有名的一位击球手，至今保持着本垒打总数的世界纪录。

王贞治常常说："打出本垒打之后，我从来没时间去享受那一刻的喜悦。我总是想着下一次我能不能在击球区打中球，我会做出什么样的打击。我会在脑海里分析信息，借此判断击球手和球的动向。"这些话生动地刻画出我们称为专业人士所具备的素质。

王贞治建立了一套庞大的信息存储系统供自己使用。他会运用自己的方式存储、分析和整理过去对阵过的不同投手的信息。这种做法让他成为本垒打的世界第一高手，也是他作为顶尖击球手，对不同寻常困境做出的回应：他击球的机会很少，因为投手会因害怕他，而故意保送他上垒。王贞治在自己的球员职业生涯里，创下了上垒2390次的纪录，比排在第二位的纪录多出了1116次。这些令人难以置信的统计数字，牢牢地奠定了他传奇击球手的地位。他每场比赛的上垒率是0.88

（这是另一项纪录，相比之下，二号人物仅为 0.51）。王贞治通过分析和存储信息，提高自己的击球率，最大限度地利用有限的机会，为球队做贡献。

王贞治的故事向我们说明了一些有关企业高管和领导者职责的事情。我自己的解释是，传奇的王贞治把自己的名字写进了日本职业棒球史的教科书，赢得了年轻棒球迷的爱戴，靠的是从击球手到如今，一直忠实不懈地执行以下 5 条原则。

这 5 条原则分别是：①对大量来自经验的信息进行筛选，将之存储为便于利用的、有意义的形式；②利用这一信息，在上场前就对每一位投手做出假设，最大限度地利用有限的机会；③每一次挥舞球棍时都进行重新评估，并将新信息存储起来以备下次使用；④反复使用假设、执行、校验过程；⑤努力利用自身丰富的经验，教育年轻的棒球运动员，为未来培养卓越的击球手和投手。

王贞治向我们示范了掌握丰富信息的人该如何运用上述假设—执行—校验流程，并将所得的经验教训传授给下一代。他们还可以利用自己的亲身体验培养未来的企业高管。能做到这一点的人，就是真正的高管，真正的专业人士。

另一位领导者的轶事：阿里·塞林格

我想介绍的另一位组织领导者是阿里·塞林格（Arie Selinger），他担任主教练后，率领大荣公司女排队伍取得了本年联赛冠军。塞林格还曾任美国国家队主教练，1984 年率美国女排赢得洛杉矶奥运会银牌；

1992年率美国男排赢得巴塞罗那奥运会银牌。1989年，他担任了大荣公司"橙色攻击手"球队的教练。

故事发生在我们球队夺得联赛胜利的那场比赛。大荣队已经连失两局，看似无望逆转局面。您知道，排球比赛时，拿下三局比赛的球队获胜。人人都认为大荣没戏了，连球员也这么想。就在这时候，塞林格把泄气的队员召集到身边说："我们还要再打三局比赛呢。"

他积极的话一瞬间改变了球队的情绪，将"再有一局我们就'玩完了'"的气氛一扫而空，换上了"让我们振作起来，赢下后三局"的精神。大荣队果然拿下了后三局，获得了令人印象深刻的胜利。这个简短的小插曲，说明了领导者的语言表态有多么重要。

如果球队陷入困难境地的时候，领导者说："只有一局比赛了，如果输了我们就完了。"那会发生什么样的情形呢？球员会觉得完全走投无路，更加沮丧，早早就输掉比赛。但"我们还要再打三局呢"成功地将挑战精神植入了每一名球员心中，消散了失败氛围，把球队团结起来去追求胜利。

球员要靠积极的话语而不是刻薄的言辞来振奋。我从多年的经验知道，在公司也是一样。由于最近发生的地震规模巨大，员工不堪重负，我鼓励他们为了大荣的忠实客户着想，乐观向上，尽快完成恢复工作。

任何组织的精神，都受领导人话语的影响变好或变坏。企业高管必须意识到这一点。我相信阿里·塞林格的例子向我们展示了如何提高士气和决断力。

发展个人优势

成为像王贞治和阿里·塞林格那样的执行官不容易，但如果我们尽力发展个人优势的话，也不是完全不可能。这是您的教诲之所以宝贵的原因所在，它来自您丰富的个人经验，对人性的批判性评价。乍看起来，您的教诲似乎过分简单，但要实现起来，却需要非比寻常的努力。但我必须再说一遍，这是做得到的。

我真诚地希望，我们能有尽量多的人成为"卓有成效的高管"，也就是，能够付出非比寻常的努力重塑自我、以智慧和勇气面对艰巨挑战的高管，完成眼前的任务让世界变得有所不同。我相信，您和我都认同这一点。

高管的职责

德鲁克教授，通过我们的信件往来，您已经向我和其他日本的高管提出了深刻的意见，我们借此确定了创造未来所必须解决的任务。您向我们提出了一个艰巨而吸引人的挑战。迎接这一挑战，是企业高管，以及"未来的企业高管"的职责所在。毕竟，问题出在我们自己身上，我们必须靠自己创造未来。

身为肩负着这一事关未来巨大责任的企业管理者，我向您和所有的读者保证，我将和其他的高管一起努力工作，遵循您提出的建议。我会继续像现在一样，为创造未来做出贡献，不负您对我们的厚望。

1995 年 3 月 27 日

彼得·德鲁克全集

序号	书名	要点提示
1	工业人的未来 The Future of Industrial Man	工业社会三部曲之一，帮助读者理解工业社会的基本单元——企业及其管理的全貌
2	公司的概念 Concept of the Corporation	工业社会三部曲之一，揭示组织如何运行，它所面临的挑战、问题和遵循的基本原理
3	新社会 The New Society：The Anatomy of Industrial Order	工业社会三部曲之一，堪称一部预言，书中揭示的趋势在短短10几年都变成了现实，体现了德鲁克在管理、社会、政治、历史和心理方面的高度智慧
4	管理的实践 The Practice of Management	德鲁克因为这本书开创了管理"学科"，奠定了现代管理学之父的地位
5	已经发生的未来 Landmarks of Tomorrow：A Report on the New "Post-Modern" World	论述了"后现代"新世界的思想转变，阐述了世界面临的四个现实性挑战，关注人类存在的精神实质
6	为成果而管理 Managing for Results	探讨企业为创造经济绩效和经济成果，必须完成的经济任务
7	卓有成效的管理者 The Effective Executive	彼得·德鲁克最为畅销的一本书，谈个人管理，包含了目标管理与时间管理等决定个人是否能卓有成效的关键问题
8 ☆	不连续的时代 The Age of Discontinuity	应对社会巨变的行动纲领，德鲁克洞察未来的巅峰之作
9 ☆	面向未来的管理者 Preparing Tomorrow's Business Leaders Today	德鲁克编辑的文集，探讨商业系统和商学院五十年的结构变化，以及成为未来的商业领袖需要做哪些准备
10 ☆	技术与管理 Technology，Management and Society	从技术及其历史说起，探讨从事工作之人的问题，旨在启发人们如何努力使自己变得卓有成效
11 ☆	人与商业 Men，Ideas，and Politics	侧重商业与社会，把握根本性的商业变革、思想与行为之间的关系，在结构复杂的组织中发挥领导力
12	管理：使命、责任、实践（实践篇） Management:Tasks,Responsibilities,Practices	为管理者提供一套指引管理者实践的条理化"认知体系"
13	管理：使命、责任、实践（使命篇） Management:Tasks,Responsibilities,Practices	
14	管理：使命、责任、实践（责任篇） Management:Tasks,Responsibilities,Practices	
15	养老金革命 The Pension Fund Revolution	探讨人口老龄化社会下，养老金革命给美国经济带来的影响
16	人与绩效：德鲁克论管理精华 People and Performance: The Best of Peter Drucker on Management	广义文化背景中，管理复杂而又不断变化的维度与任务，提出了诸多开创性意见
17 ☆	认识管理 An Introductory View of Management	德鲁克写给步入管理殿堂者的通识入门书
18	德鲁克经典管理案例解析（纪念版） Management Cases(Revised Edition)	提出管理中10个经典场景，将管理原理应用于实践

彼得·德鲁克全集

序号	书名	要点提示
19	旁观者：管理大师德鲁克回忆录 Adventures of a Bystander	德鲁克回忆录
20	动荡时代的管理 Managing in Turbulent Times	在动荡的商业环境中，高管理层、中级管理层和一线主管应该做什么
21 ☆	迈向经济新纪元 Toward the Next Economics and Other Essays	社会动态变化及其对企业等组织机构的影响
22 ☆	时代变局中的管理者 The Changing World of the Executive	管理者的角色内涵的变化、他们的任务和使命、面临的问题和机遇以及他们的发展趋势
23	最后的完美世界 The Last of All Possible Worlds	德鲁克生平仅著两部小说之一
24	行善的诱惑 The Temptation to Do Good	德鲁克生平仅著两部小说之一
25	创新与企业家精神 Innovation and Entrepreneurship:Practice and Principles	探讨创新的原则，使创新成为提升绩效的利器
26	管理前沿 The Frontiers of Management	德鲁克对未来企业成功经营策略和方法的预测
27	管理新现实 The New Realities	理解世界政治、政府、经济、信息技术和商业的必读之作
28	非营利组织的管理 Managing the Non-Profit Organization	探讨非营利组织如何实现社会价值
29	管理未来 Managing for the Future:The 1990s and Beyond	解决经理人身边的经济、人、管理、组织等企业内外的具体问题
30 ☆	生态愿景 The Ecological Vision	对个人与社会关系的探讨，对经济、技术、艺术的审视等
31 ☆	知识社会 Post-Capitalist Society	探索与分析了我们如何从一个基于资本、土地和劳动力的社会，转向一个以知识作为主要资源、以组织作为核心结构的社会
32	巨变时代的管理 Managing in a Time of Great Change	德鲁克探讨变革时代的管理与管理者、组织面临的变革与挑战、世界区域经济的力量和趋势分析、政府及社会管理的洞见
33	德鲁克看中国与日本：德鲁克对话"日本商业圣手"中内功 Drucker on Asia	明确指出了自由市场和自由企业，中日两国等所面临的挑战，个人、企业的应对方法
34	德鲁克论管理 Peter Drucker on the Profession of Management	德鲁克发表于《哈佛商业评论》的文章精心编纂，聚焦管理问题的"答案之书"
35	21世纪的管理挑战 Management Challenges for the 21st Century	德鲁克从6大方面深刻分析管理者和知识工作者个人正面临的挑战
36	德鲁克管理思想精要 The Essential Drucker	从德鲁克60年管理工作经历和作品中精心挑选、编写而成，德鲁克管理思想的精髓
37	下一个社会的管理 Managing in the Next Society	探讨管理者如何利用这些人口因素与信息革命的巨变，知识工作者的崛起等变化，将之转变成企业的机会
38	功能社会：德鲁克自选集 A Functioning society	汇集了德鲁克在社区、社会和政治结构领域的观点
39 ☆	德鲁克演讲实录 The Drucker Lectures	德鲁克60年经典演讲集锦，感悟大师思想的发展历程
40	管理（原书修订版） Management(Revised Edition)	融入了德鲁克于1974~2005年间有关管理的著述
41	卓有成效管理者的实践（纪念版） The Effective Executive in Action	一本教你做正确的事，继而实现卓有成效的日志笔记本式作品

注：序号有标记的书是新增引进翻译出版的作品。

欧洲管理经典 全套精装

欧 洲 最 有 影 响 的 管 理 大 师
（奥） 弗雷德蒙德·马利克 著

超越极限

如何通过正确的管理方式和良好的自我管理超越个人极限，敢于去尝试一些看似不可能完成的事。

转变：应对复杂新世界的思维方式

在这个巨变的时代，不学会转变，错将是你的常态，这个世界将会残酷惩罚不转变的人。

管理成就生活（原书第2版）

写给那些希望做好管理的人、希望过上高品质的生活的人。不管处在什么职位，人人都要讲管理，出效率，过好生活。

管理：技艺之精髓

帮助管理者和普通员工更加专业、更有成效地完成其职业生涯中各种极具挑战性的任务。

战略：应对复杂新世界的导航仪

制定和实施战略的系统工具，有效帮助组织明确发展方向。

公司策略与公司治理：如何进行自我管理

公司治理的工具箱，帮助企业创建自我管理的良好生态系统。

正确的公司治理:发挥公司监事会的效率应对复杂情况

基于30年的实践与研究，指导企业避免短期行为，打造后劲十足的健康企业。

读者交流QQ群：84565875

推荐阅读

清华大学经济管理学院领导力研究中心主任
杨斌教授 担当主编 鼎力推荐

应对不确定、巨变、日益复杂且需要紧密协作挑战的管理沟通解决方案
沙因组织与文化领导力系列

谦逊的魅力
沙因60年咨询心得

埃德加·沙因（Edgar H. Schein）

世界百位影响力管理大师 斯坦福社会心理学硕士哈佛社会心理学博士
企业文化与组织心理学领域开创者和奠基人

恰到好处的帮助
人际关系的底层逻辑和心理因素，打造助人与求助的能力，获得受益一生的人际关系

谦逊领导力
从人际关系的角度看待领导力，助你卸下独自一人承担一切的巨大压力

谦逊的问讯
以提问取代教导，学会"问好问题"，引导上下级的有益沟通，帮助组织良性运作，顺利达成目标

谦逊的咨询
回顾50年咨询案例，真实反映沙因如何从一个初出茅庐的实习生成长为成功的咨询大师，感受谦逊的魅力，为组织快速提供真正的帮助